30 秒探索

浪漫巴黎

每天30秒
解读塑造这座城市的50个关键场景、事件和建筑物

主编

[英] 约翰·弗劳尔
（John Flower）

序

[法] 皮埃尔·布瓦萨尔
（Pierre Boisard）

参编

[英] 伊丽莎白·本杰明（Elizabeth Benjamin）

[英] 艾玛·比乐基（Emma Bielecki）

[美] 马瑟琳·布洛克（Marcelline Block）

[英] 索菲·博斯托克（Sophie Bostock）

[英] 戴维·德雷克（David Drake）

[英] 休·唐赛（Hugh Dauncey）

[英] 约翰·弗劳尔（John Flower）

[英] 尼古拉斯·赫威特（Nicholas Hewitt）

[英] 吉利安·杰恩（Gillian Jein）

[英] 戴维·卢塞利（David Looseley）

[法] 路易斯·德·米兰达（Luis de Miranda）

[英] 尼吉尔·里奇（Nigel Ritchie）

[英] 克里斯·罗杰斯（Chris Rogers）

[英] 尼亚姆·思文尼（Niamh Sweeney）

[英] 安东尼·瓦尔德（Anthony Ward）

[英] 尼娜·瓦尔德勒沃斯（Nina Wardleworth）

译者

刘晓安　韩永珍

机械工业出版社
CHINA MACHINE PRESS

John Flower, 30-Second Paris
ISBN : 978-1-78240-544-3
Copyright © 2018 Quarto Publishing plc
Simplified Chinese Translation Copyright ©2023 by China Machine Press. This
edition is authorized for sale in the Chinese mainland (excluding Hong Kong SAR,
Macao SAR and Taiwan).

北京市版权局著作权登记 图字：01-2019-4029号

图书在版编目（CIP）数据

浪漫巴黎/（英）约翰·弗劳尔（John Flower）主编；刘晓安，韩永珍
译. — 北京：机械工业出版社，2022.6
　（30秒探索）
　ISBN 978-7-111-71068-4

Ⅰ.①浪…　Ⅱ.①约…②刘…③韩…　Ⅲ.①城市文化－巴黎
Ⅳ.①G156.1

中国版本图书馆CIP数据核字（2022）第119814号

机械工业出版社（北京市百万庄大街22号　邮政编码100037）
策划编辑：汤　攀　刘志刚　责任编辑：汤　攀
责任校对：薄萌钰　王　延　封面设计：鞠　杨
责任印制：张　博
北京利丰雅高长城印刷有限公司印刷
2023年2月第1版第1次印刷
148mm×195mm·4.875印张·175千字
标准书号：ISBN 978-7-111-71068-4
定价：59.00元

电话服务　　　　　　　　　　　网络服务
客服电话：010-88361066　　　机 工 官 网：www.cmpbook.com
　　　　　010-88379833　　　机 工 官 博：weibo.com/cmp1952
　　　　　010-68326294　　　金 书 网：www.golden-book.com
封底无防伪标均为盗版　　　　机工教育服务网：www.cmpedu.com

目　录

“做一个爱好和平的王子吧。战争毁灭了人民啊！”

——路易十四

序

皮埃尔·布瓦萨尔

35年前，我成了一个巴黎人，实现了我小时候的梦想，让我得以摆脱乡间生活的烦闷。我对作为首都的巴黎所知不多，仅限于埃菲尔铁塔、卢浮宫和拉丁区的小街巷。但这足以让我臣服于巴黎的魅力，并拼命地希望生活在这里。在巴黎的头几个月，我在阁楼的小房间里住得并不舒服，但这并没有妨碍到我，因为我正在实现我的梦想。我会在街巷中漫步好几个小时，根本没有意识到噪声、灰尘的存在以及那不平整的路面，因为我被所到之处的神奇氛围深深地吸引了。现在我已经在巴黎生活了很多年，这种神奇的感觉已经不那么强烈了，而我的习惯和每天的日常生活也最终留下了痕迹，我在那些曾让我停下脚步的"奇迹"身边走过。尽管蒙帕纳斯大厦看上去让人感到不舒服，但我仍只需要跨过新桥或者看一眼圣日耳曼德佩教堂，就能够沉浸在我的思绪中，并体会到第一次见到它们时征服我的那种热切的快乐。

巴黎这种每年吸引数百万游客到来的巨大魅力，是不能简简单单地用著名的古老建筑、庄严的教堂和充满活力的文化生活来解释的。很容易理解游客是如何被巴黎圣母院或卢浮宫所吸引或是如何被大型博物馆迷住的，但我们该怎么解释他们也会被旅游指南里从未提到过的黑暗街巷和破败建筑所吸引呢？唯一的答案必须是一些神奇的吸引力。正是同样的吸引力，六千年前让一群人在塞纳河两岸停驻下来，并建起了不少临时的小屋。他们本可以在河的上游或下游安营扎寨，但他们就在现代巴黎所在的地方停了下来，而这个地方当时还未有人定居。有一种魅力让这些人留了下来，也让这些人的后代和那些冒险上岸的人们留了下来。

尽管经历了侵略、火灾、暴乱和瘟疫，人们一直生活在这里，城市变大了，成为皇室所在地，而宏伟的古建筑也得以兴建。这是不可能在法国其他地方发生的。每一时期都有自己的印记，如菲利浦·奥古斯都建造的卢浮宫、圣雅克塔和圣礼拜堂，豪斯曼男爵修建的条条大街、杜伊勒里宫和看起来像法式甜点蛋白酥并高高矗立在蒙马特的圣心教堂。同样具有代表性的，还有肮脏的背街小巷和很受诗人弗朗索瓦·维庸时代无忧无虑的学生朋友们欢迎的小旅馆。巴黎就是这样一个神奇的地方，在这里你可以感觉到千百年间曾在这里生活过的所有人的存在。正是如此，现在的巴黎人有一种强烈的愿望去尽量充实地生活，他们挤在喝咖啡的露台上、体育场里和娱乐场中，尽管血腥的袭击曾让巴黎陷入悲痛。

　　我不再惊讶于排队参观地下墓穴、只为看到成堆的人骨头和头盖骨的游客们。他们蜂拥而至并不是因为某种病态口味，而是他们感觉到，这成千上万的无名死者见证了巴黎的历史以及巴黎的动荡和许多未解之谜，而且他们并未舍弃古老的居所。浏览巴黎并不只是赞叹它的教堂、宫殿和建筑物，也不仅仅是在街巷中闲逛或在塞纳河两岸徜徉，而是让自己被这些地方神奇的美丽所征服，并聆听往昔岁月的声音。

魅力巴黎
　　从蒙苏里公园俯瞰巴黎全景。千百年来，这座城市让人欢欣又催人上进。

前言

约翰·弗劳尔

巴黎可以说是欧洲游客最多的首都城市之一，也许只有伦敦可挑战这一地位。被很多人称为"光之城"或"爱之城"的巴黎，其美景、魅力、智慧和艺术生活，甚至其未解之谜长久以来吸引着人们。四百年前，法国哲学家米歇尔·德·蒙田曾将巴黎描述成"世界最高贵的装饰品"之一，而在19世纪，小说家奥诺雷·德·巴尔扎克认为巴黎很优雅，查尔斯·狄更斯则认为它"与众不同"。更晚一些的亨利·米勒认为巴黎是"天堂"，斯科特·菲茨杰拉德惊叹于巴黎的"智慧和礼节"，欧内斯特·海明威则在巴黎找到了灵感用来创作他的回忆录集《流动的盛宴》。电影院也没有忘掉巴黎。它被偶像级的影片记录下来了，包括马塞尔·卡尔内的《天堂的孩子》（1945年）和让-吕克·戈达尔的《筋疲力尽》（1960年）。而21世纪的影片有让-皮埃尔·热内的《天使爱美丽》（2001年）和伍迪·艾伦的《午夜巴黎》（2011年）。

上述这些证据不言自明，巴黎多年年均吸引数以百万计的游客蜂拥而至，如果对此有任何怀疑的话，只要看一眼这座城市众多书店的书架，就可以很快消除疑虑。这里有数不清的严肃学术研究，既光辉夺目又受人欢迎的历史调查，曾在这里生活和工作过的伟人和名人们的照片、海报或回忆录。因此我们可以问一个问题，即是否还有必要再写一本关于巴黎的书，这也不是没道理的，不过本书用"很有必要"回答了这个问题。

本书由专家编纂，共七章，信息丰富而新鲜，常常突出被其他书忽略或遗忘的事件和细节。第一章 **"历史"** 以巴黎的起源为起点，以现在为终点，通过一些塑造巴黎的重要社会和政治事件，如1789年法国大革命和1940—1944年的纳粹德国占领期，搭建了城市了历史框架。第二章 **"巴黎各区"** 概述了巴黎充满国际氛围

巴黎之乐

巴黎一直对知识分子、艺术家和享乐者具有吸引力。蒙马特高地之巅有音乐厅和歌舞剧院，它们同圣心教堂一道，是巴黎"美好年代"的象征。

的各个区域。第三章**"塞纳河和露天场所"**介绍了塞纳河及其两岸，以及河上的桥和岛。本章还包括这座城市的露天场所，这是这座城市"反思"的一面，因为在这里有人售卖书籍，人们进行锻炼或仅仅是瞎逛找乐子。在第四章**"市场"**中，对从跳蚤市场到高端百货商场等不同类型的市场进行了详细描述。前四章合起来，为第五章**"艺术和建筑"**、第六章**"博物馆和娱乐场所"**中的艺术、建筑和各色娱乐场所中的杰出典范提供了背景。最后一章**"巴黎周边"**则带人们来到巴黎城墙之外的地方。本章的条目包括著名的皇家城堡凡尔赛宫、人们钟爱的经典游乐场欧洲迪士尼乐园和阿斯特里克斯公园，以及体育爱好者不能错过的两个地方，即圣德尼国家体育场和罗兰·加洛斯体育场。每一章开头都有技术或生僻词汇和短语列表，并包含一位著名的或有影响力的历史、文学或娱乐界人士的传记，该人士因曾在巴黎留下了印记而众所周知。

如何使用这本书

因为半分钟可读完300个字，因此50个话题中的每一个，只需半分钟就可以读完。每个话题都采用了相同且容易读懂的方式，即"3秒钟概览"用一个简单的句子，精确概括本话题的主题；"30秒钟游览"作为精练的主体段落提供了细节内容；"3分钟扩展"则提供了更广阔的背景，邀请读者做进一步的研究。重要的名人或有影响力的人士的微型人物传记与图片互为补充。与每个话题对应的页面是插图，它们有不同的来源，反映了每个话题的内容。当然，读者可以自由选择是从头读起还是简简单单地随意打开这本书，然后本能地往下读，就像在城市里穿行散步一样。

如果说游览巴黎需要一个理由的话，那么这个理由可能是满足人们对巴黎奢靡生活的愿望。正如海明威所言，巴黎是一场感官活动的盛宴，这里有时尚的商店和食品店、建筑和艺术、展览和娱乐、宫殿和公园，而穿过繁忙的林荫大道还有安静的花园和墓地。

祝您在巴黎玩得开心！

艺术精神

千百年来，巴黎为艺术家提供了灵感。这座城市是世界多项艺术和建筑杰作的所在地。奥赛博物馆是观赏巴黎建筑和艺术藏品必到的景点。

历史

历史
词汇表

郊区（*banlieue*） 繁华城市中心的边缘，最开始通常是工业开发的所在地。一些郊区变得高档起来，而其他区域则仍然穷困，并且还是社会和政治动荡的地区。

三级会议（Estates-General） 由三个阶层组成的等级代表会议。这三个阶层分别为神职人员（教士）阶层、贵族阶层，以及普通农民和资产阶级阶层。自17世纪末再召开过三级会议，于1789年在路易十六要求下召开了最后一次三级会议。但人们很快就认为三级会议是不民主的，结果就是三个阶层混合组成了国民大会。

自由法国（Free French） 1940年6月夏尔·戴高乐拒绝接受维希政权贝当元帅同德国的停火条款，在逃亡伦敦后组建的抵抗运动。在伦敦他还组建了"自由法国"武装，其成员参加了抵抗德国的运动，并在1944年巴黎光复中发挥了决定性的作用。

大巴黎捷运（Grand Paris Express） 与密特朗总统的"密特朗大建设"有关。"大巴黎捷运项目"旨在到2030年，提升在巴黎工作的850万人的生活质量。除了地铁系统的大规模扩建，"密特朗大建设"还规划了文化活动的场所。

爱国者联盟（League of Patriots） 法国在普法战争中战败后，于1882年成立的全国性抵抗运动。该组织有时候"排外"和"反犹"，经历了各种危急时刻，支持度不断起伏，直至1939年被解散。

铅锤党起义（*Maillotins*） 1382年工人和农民反对国王查理六世增税的武装起义。这次起义从巴黎开始，来势汹涌，但仅维持了不到一年的时间。其名称来源于起义者在战斗中使用的包铅皮木锤。直到16世纪时，人们才以此工具给这场起义命名。

巴黎警察局（Préfecture de Police） 1800年在巴黎成立的独立机构。它向法国内政部负责，负责首都巴黎和周边地区的整体安全。

大搜捕（*rafes*） 德国占领法国期间最臭名昭著的大逮捕发生于1942年7月16日至17日，法国警察对13000名犹太人进行了大规模逮捕。这些被捕的犹太人被塞进"巴黎冬季赛车场"，然后被送往巴黎东北部的德朗西或其他集中营。

和解政策（*rapprochewent*）　法国共产党领导人莫里斯·多列士除要求人们对人民阵线（1936—1938年）政治忠诚外，还向天主教徒进行呼吁，鼓励他们同他一道，为建设一个更加公平的社会而奋斗。

法兰西第二帝国（Second Empire）（1852—1870年）拿破仑三世（路易-拿破仑）治下的时期，法国再次回到君主体制，并在此期间进行殖民扩张。第二帝国的最后十年更为自由，豪斯曼男爵受命监管巴黎重建。此时商业蓬勃发展，尤其引人注意的是百货商店的出现。随着法国在普法战争中战败，拿破仑三世被短期拘禁于德国，然后流亡英国，并于1873年在那里去世。

"恐怖时期"（The Terror）　1793年9月至1794年7月间，上万名被认定为反对法国大革命和共和国的人被送上断头台。此举被认为是革命政府的重要手段。

第三阶层（等级）（Third Estate）　自1302年以来存在的词汇，由艾曼努尔·西耶斯神父于1789年1月在其回应税务改革的文章《第三等级是什么》中首次使用。他指出在三级会议的三个阶层（等级）中，第三阶层（等级）的代表来自超过九成的人民，是最能代表国家的阶层（等级）。

杜伊勒里宫（Tuileries）　法国旧皇宫，其最早的部分于16世纪建成。后得以大幅度扩建，并经历了法兰西第一共和国（1792—1804年），但大部分于1871年期间被大火焚毁。重修杜伊勒里宫的多个建议都没有实现。

法兰西第三共和国（Third Republic）（1870—1940年）法国政权，最初只是一个临时政府，然而却成为执政时间最长的政权，因普法战争战败和法国被占领而垮台。法兰西第三共和国受危机、丑闻和政治上的极左极右所累，大部分历史学家认为其孱弱而衰微。

高卢-罗马时期

30秒钟游览

3秒钟概览
从很多古代文献、传统历史和考古发现中可以一窥巴黎的前身——一个早期定居点。

3分钟扩展
4世纪早期，鲁特西亚被人们称为"巴黎西（人）之城"。它是位于罗马高卢境内一个非常不起眼的小镇，它的历史遗产对这个小城未来所具有的全国性声誉而言贡献相当微小。随着西罗马帝国的灭亡，法兰克国王克洛维在公元500年后短暂地统治了巴黎周围的大片领土，巴黎在政治上开始变得重要起来。可以认为，直到公元900年的晚期，巴黎才成为可被称为法国的这一实体的首都。

凯撒大帝对公元前53年—前52年高卢战争的评论中，提到了鲁特西亚。鲁特西亚是巴黎西部族在塞纳河中西岱岛上的定居点。巴黎西人在罗马人进攻前烧毁了城镇和桥梁。一直以来，鲁特西亚就是西岱岛的代名词，虽然最近的考古发现表明，位于巴黎郊区的南泰尔也可能是鲁特西亚。罗马人占领鲁特西亚后，开始在正对西岱岛、塞纳河左岸之外的高地上修建具有中规中矩路网的古罗马式城镇。公共浴室和圆形剧场的遗迹是宏大建筑的明证，而这些宏大建筑还包括水渠、讲坛、神庙以及城外的坟场。公共浴室处河边驳船的装饰图案表明河边贸易的重要性，而这种装饰性又同横渡塞纳河的实用性相得益彰。3世纪中期，天主教来到此地。在古罗马皇帝迫害天主教徒期间，圣德尼殉道，而他殉道的地方据说就是蒙马特，即巴黎北部被称为"殉道山"的小山。3世纪晚期，高卢开始受到日耳曼部族的入侵。西岱岛因有城墙，在防守上没有困难，因而成为定居点，塞纳河左岸则因过于脆弱而被放弃。在巴黎圣母院前厅的地下，有被挖掘出来的此期间遗迹，人们可以进入参观。

3秒钟人物传记
圣德尼
去世于250年左右
巴黎第一任主教，是被斩首的殉道士。传说他紧紧抓着自己的头，从被斩首的行刑地走出来并祷告。这成为中世纪广为流传的宗教崇拜的焦点。

克洛维
去世于511年左右
法兰克王国国王、墨洛温（梅罗文加）王朝的建立者。他统治着罗马高卢的大部分地区。死后其权力被分给他的儿子们。

本文作者
安东尼·瓦尔德

早期的故事描绘了罗马高卢时期鲁特西亚的定居点，它后来则成为巴黎。

中世纪时期

30秒钟游览

3秒钟概览

到1300年，巴黎已成为法国和欧洲一座辉煌而卓越的城市，仅在英国入侵、内战和瘟疫期间短暂暗淡。

3分钟扩展

中世纪的巴黎，其繁荣很大程度上要归功于有钱有势的船东们。这些人也被称为水上商人，他们向巴黎供应来自法国本土和国外的各种产品，并与皇室保持特殊关系，只是这种关系偶尔不是太好。塞纳河右岸尤其是河滩广场（现为市政厅广场）处有船坞，货物轮渡往返于两岸，而船东们则组成了这座城市里最强大最有权势的行会，他们的徽章是河中船只配以皇家专用的鸢尾花形，而这就形成了巴黎市的盾形徽章。

中世纪的巴黎位于法兰西岛区域，由菲利浦·奥古斯都和查理五世分别于1220年和1371年修筑的城墙保护着，是法国首都和欧洲最大的城市，1328年时便拥有超过20万居民。与圣礼拜堂（1248年建成）同为哥特式风格的巴黎圣母院大教堂（1163—1345年建成），提升了巴黎作为基督教中心的声誉，塞纳河左岸则拥有享誉世界的巴黎大学，而塞纳河右岸因其港口、熟练工匠、金融业者、中心市场而成为强大的商业中心，让法国国王们一直将巴黎作为王国首都。各王朝新建的坚固宫殿沿着塞纳河延伸，从卢浮宫到巴士底狱再到文森城堡，周围都是贵族和教士的住所，直至1307年国王将"圣殿骑士团"逮捕并没收他们的财产。国家和有权势的商人之间的冲突，在1358年失败的艾顿·马赛起义（扎克雷起义）时达到最高点，但在1382年反对增税的铅锤党起义时再次出现。巴黎还因1348年瘟疫、1406—1436年勃艮第人和奥尔良人（雅文邑人）的派别斗争及1337—1453年的百年战争而遭难。百年战争致使1422年人口减少了一半，皇室也撤退至卢瓦尔河河谷，直至1528年才返回巴黎。

相关主题

拉丁区　34页
岛　42页
巴黎圣母院　88页

3秒钟人物传记

菲利浦·奥古斯都
1165—1223
法兰西国王（1180—1223年在位），发展了法国国力，巩固了巴黎作为首都的地位。

艾顿·马赛
去世于**1358年**
富有的资产阶级，1354年成为巴黎商人首领，致力于减少国王的权力和对财政的控制。

本文作者

尼古拉斯·赫威特

在菲利浦·奥古斯都国王治下，巴黎成为法国的首都。

法国大革命和"恐怖时期"

30秒钟游览

3秒钟概览

法国大革命发生的原因是国家破产，它根本上是一场政治变革而非社会变革。相较于"平等"或"博爱"，大革命带来了更多的"自由"。

3分钟扩展

"恐怖时期"是一段激烈的政治镇压时期，其发生的背景是内战和对外战争。这段时期的开端是1793年9月根据《嫌疑犯法令》停止有叛国罪嫌疑之人的法律权力，这些嫌疑人大多数是逃服兵役者和囤积居奇者，并非贵族。"恐怖时期"的政策还包括固定价格以稳定经济的政策，以及创设准军事组织"人民军"，从不情愿的农民那里"获得"食物和物资。而人满为患的监狱则让死刑率大幅上升。

法国大革命的起因是国王需要加税。在其第一阶段，为了批准加税政策，于1789年5月重开代表教士、贵族和第三阶层（等级）的三级会议。结果却是第三阶层（等级）获得了控制权，建立了国民议会，将最高统治权从国王那里转移至国家本身，并起草了作为重要政治和法律权力基础的宪法。第二阶段发生了群众广泛参与的两件大事，即攻占巴士底狱和强行将皇室从凡尔赛宫转移至巴黎。这两件事情都因骚动的群众和变节的士兵而起。他们希望对反革命采取防御措施，并在食物短缺的情况下获得食物。国王于1791年逃离法国未遂，此后民望下降，使得大革命进入第三阶段，结果杜伊勒里宫被攻占，国王被处决，法国成为共和国。第四阶段以被称为"公共安全委员会"（救国委员会）的新政权建立为标志。该阶段经历了"恐怖时期"，它由内外战争引发政治上的紧张而产生。大革命的最后一个阶段以1799年11月拿破仑·波拿巴政变为标志，这时法国成为一个军事帝国。

相关主题

凡尔赛　126页

3秒钟人物传记

艾曼努尔·约瑟夫·希艾斯
1748—1836
政治理论家和教士，在给予第三等级身份和帮助起草法国新宪法方面发挥了关键作用。

路易十六
1754—1793
法国最后一位国王（1774—1792年在位）。他支持美国独立战争（1775—1783年），让法国陷入破产和随之而来的剧变。

马克西米利安·德·罗伯斯庇尔
1758—1794
律师，于1789年被选为三级会议代表，主导了"公共安全委员会"直至下台，是"恐怖时期"的负责人。

本文作者

尼吉尔·里奇

在1789—1799年的动荡时期，巴黎经历了法国大革命、罗伯斯庇尔的"恐怖时期"和拿破仑的政变。

1799年5月20日
出生于图尔

1813年
被要求从旺多姆学校退学，原因是奇怪的身心疾病

1814年
与家人来到巴黎，在家受私人教育

1816年
就读于巴黎大学

1819年
完成法律专业学习，但拒绝成为律师

1822年
用贺拉斯·德·圣-奥班的名字出版自己的第一部小说

1826年
购买了一家印刷厂，幻想能让自己致富。但工厂失败让他负债累累

1829年
出版《朱安党人》

1832年
构想自己的著作，初命名为《社会研究》，后命名为《人间喜剧》。开始与波兰贵妇埃韦利纳·汉斯卡通信

1833年
出版《欧也妮·葛朗台》，受到评论界的极大好评

1835年
出版《高老头》

1836年
《老处女》在《新闻报》上连载。它是法国最早的连载小说

1838年
在"法国文人协会"成立中发挥了重要作用。该协会旨在保护作家权利免受"贪婪"的出版商和"厚颜无耻"的报纸所有人的侵害

1842年
发表《人间喜剧》序言，讲述自己描写法国大革命后社会全景的愿望，并详解该书的结构

1843年
出版《幻灭》

1848年
离开巴黎前往乌克兰，抵达时健康状况即迅速恶化

1850年
与多年的情人埃韦利纳·汉斯卡成婚。夫妻二人返回巴黎

1850年8月18日
在母亲、妻子和维克多·雨果的陪伴下，在巴黎去世

人物介绍：奥诺雷·德·巴尔扎克

HONORÉ DE BALZAC

　　巴尔扎克出生在拿破仑掌权的那一年。不光他自己这么想，人们也认为巴尔扎克是文学界的拿破仑，是一位极具野心又精力充沛的人。巴尔扎克出生于图尔，15岁时随家人来到巴黎定居，并在其生命剩余的大部分时间里都待在巴黎。巴尔扎克还曾去意大利旅游，在那里他深陷重启废弃矿藏的计划之中，但这只是他众多想致富但却最终失败的计划之一。他还去过乌克兰，在那里他的情人埃韦利纳·汉斯卡夫人拥有自己的庄园。

　　巴尔扎克先学习法律，然后用贺拉斯·德·圣-奥班的笔名在文学界首次亮相。此时的他，有点像是英国作家沃尔特·司各特在法国的二流版本。接下来他在巴黎新闻界小试牛刀。后来他在小说《幻灭》中描写了巴黎新闻界，而《幻灭》一书则是他对自己新闻界从业经历的传神总结。1829年，巴尔扎克出版了描写法国大革命时期保皇党游击队员的《朱安党人》，这是《人间喜剧》这部巨著的奠基石。《人间喜剧》包含91个相互关联的故事，由反复出现的人物勾连起来。巴尔扎克设想这部书是大革命后法国的自然历

史，描绘不同种类的人在其自然居所的行为。尽管有时候这个居所是巴黎以外的省份，但它更多的时候就是在巴黎。巴黎被认为是欲望之都而非光明之城，在这里疯狂的人们追求愉悦和金钱。这是巴尔扎克写作的主线，产生了不可胜数的故事。社会中的传统纽带不复存在，而金钱上的关系却变得至高无上。当他将《人间喜剧》这部小说的主旨变成早期社会学的探究时，他就成了现实主义的先驱。

　　如果小说《人间喜剧》手持一面镜子，反映了小说发生的社会，那么这部小说就是置于露天的镜子。小说里的人物有怪物和偏执狂，充斥着扭曲、膨胀、夸张的形象。这些人物中体现了仍然在大革命的余波中遭受苦难的典型代表。但巴尔扎克也是自己最值得记住的创造物。他穿得像一个僧侣，不停地喝咖啡，为每天12小时、15小时，甚至19小时的工作提供能量。巴尔扎克成了一个传奇，他不仅是勤奋的"斯达汉诺夫"，不辞辛劳地写出大众希望看到的连载小说，还是一位"巨匠"。他在1850年筋疲力尽去世，被安葬在俯瞰着巴黎的拉雪兹神父公墓。

美好年代

30秒钟游览

3秒钟概览

1870—1914年，男人戴礼帽，女人穿裙衬，显得既轻浮又现代。尽管这一时期有经济和政治的动荡，但人们还是怀念它，称它为逝去的"美好年代"。

3分钟扩展

法兰西第二帝国期间豪斯曼对巴黎进行城市改造后，巴黎"美好年代"的人口组成发生了更大的变化，工匠和产业工人加速离开城市中心来到贝尔维尔和梅尼蒙坦等郊区，或来到更远的工业郊区。这些人被数量增长的资产阶级和新白领阶层所取代，后者则成为新型大众文化活动的主要消费者。

1870年普法战争后，巴黎进入了光彩夺目的时期，直至1914年第一次世界大战爆发。作为新成立的法兰西第三共和国的首都，巴黎占据了国内和国际两个舞台，尤其是通过1889年和1900年的世界博览会，展示了法国超强的技术和艺术实力，其间具有代表性的就是埃菲尔铁塔和巴黎大皇宫等长期性地标。电力为新建的地铁系统提供动力，并彻底改变了街道照明，还带来了"灯光村"的出现。灯光村是一座旅游和娱乐城，由图卢兹-洛特雷克建造，每年有来自国内外的贵族和富人来此观光。圣心大教堂掌控着巴黎的天际线，而高档公寓，以及聚集在香榭丽舍大街的豪华时装商店、酒店和餐厅都体现着巴黎的时尚。在文化方面，从后印象主义到立体主义，巴黎在视觉艺术方面居统治地位，而且它在音乐、文学、戏剧和新出现的电影方面也繁荣昌盛。巴黎也面临着严重的问题，经济增长缓慢、金融业不稳定、1894年反犹的德雷福斯事件、1892年巴拿马运河丑闻，以布朗热、戴鲁莱德和穆拉斯为代表的右翼极端主义兴起，以及无政府行为等。

3秒钟人物传记

保罗·戴鲁莱德
1846 —1914
爱国者阵线领袖，民族主义者。

阿尔弗雷德·德雷福斯
1859 —1935
犹太裔军官，受审并于1894年被错判叛国罪，于1906年被赦免。

让·饶勒
1859 —1914
左翼政治家，法国社会党领导人，演说家，反战运动领导者，于1914年被刺杀。

本文作者

尼古拉斯·赫威特

技术和艺术方面的创新是巴黎"美好年代"的象征。

两次世界大战期间

30秒钟游览

相关主题
蒙帕纳斯　24页
蒙马特　26页

3秒钟概览
第一次世界大战结束后、第二次世界大战开始前，不断加剧的社会和政治动荡，与前卫文化的大发展同时进行。

3分钟扩展
巴黎在艺术自由和性解放方面无人企及的名声，对国内外的前沿作家和艺术家们是一种巨大的吸引力。新文学或新艺术运动在萌芽产生或发展，包括立体主义（毕加索和布拉克）、超现实主义（达利、布勒东、杜尚和曼·雷）、装饰艺术和现代建筑（勒·柯布西耶）。爱尔兰小说家詹姆斯·乔伊斯在写作《尤利西斯》时，正与生活在巴黎的美国作家朋友F.斯科特·菲茨杰拉德、格特鲁德·斯坦恩、

第一次世界大战之后，随着旧城墙拆除和工业郊区扩大，巴黎"变大"了。尽管来自俄罗斯和中南欧国家尤其是意大利的数以千计的移民涌入巴黎，战后的低出生率还是使这座城市的人口不足300万人。1921年起为期十年的经济繁荣开启了"狂热年代"，魅力十足的酒吧明星约瑟芬·贝克就是这个时代的缩影。与此同时，巴黎再次成为世界艺术之都，但其中心则从蒙马特转移到了蒙帕纳斯。通过举办1924年奥运会和三次世界博览会（1925年、1931和1937年），巴黎在世界上的重要性得到进一步加强。大萧条在1931年重创了法国，带来了日益紧张的政治和经济局势。第三共和国的议会体制丑闻缠身，受到1920年成立的左翼政党法国共产党的批评，而极右翼的反犹联盟也企图在1934年2月6日突袭议会。法国共产党和法国社会党间达成和解，导致人民阵线在1936—1938年出现并活跃。人民阵线在其解散前，带来了影响深远的社会改革，如带薪假日和工时缩短。

埃兹拉·庞德、福特·马多克斯·福特和欧内斯特·海明威交往。海明威的回忆录《流动的盛宴》也描绘了这些令人陶醉的日子。

3秒钟人物传记
詹姆斯·乔伊斯
1882 — 1941
爱尔兰作家，其作品《尤利西斯》于1922年由西尔维亚·比奇在其位于巴黎奥德昂街的莎士比亚书店出版。

巴勃罗·毕加索
1871 — 1973
西班牙画家和雕塑家，20世纪最具影响力的艺术家之一。

安德烈·布勒东
1896 — 1966
法国诗人、艺术评论家，超现实主义的创建人和主要理论家，是1924年出版的《超现实主义宣言》的作者。

本文作者
戴维·德雷克

舞者约瑟芬·贝克等极具创意的艺术家们是"狂热年代"定居在巴黎的美国侨民中的一部分。

德国占领和巴黎光复

30秒钟游览

相关主题

德朗西 136页

3秒钟概览

德国占领巴黎始于1940年6月14日，结束于1944年8月25日，巴黎抵抗组织、"自由法国"运动组织和盟军光复了巴黎。

3分钟扩展

如今，仍然留存数量众多的关于德国占领和巴黎光复的遗迹。墙上的牌匾让人们想起那些在解放运动中牺牲的巴黎人，巴黎警察局的墙体和其他建筑物的弹痕仍然清晰可见，而纪念巴黎抵抗运动的雕塑和街道则以抵抗者个人和集体的名字命名。从法国遣送至奥斯维辛并在那里被杀害的11400名犹太儿童中超过一半都是巴黎孩子。而现在学校入口附近的牌匾则确认了维希政府在此罪行中的责任。

1940年6月14日，德国军队占领了巴黎。巴黎人民须服从德国的指令以及由贝当元帅在维希建立、同德国人开展合作的政权通过的法律。一开始，大多数巴黎人采取了观望的态度，只有少数小型抵抗组织开始出版秘密报纸，帮助盟军军人逃出法国。随着占领的持续，多数巴黎人日益遭受物资短缺，尤其是食物、衣服和燃料短缺，但黑市上奢侈物资的稳定供应让少数有钱人能维持他们奢华的生活方式。由于刺杀德国士兵的行动，德国军队对此进行了野蛮的报复。针对犹太人的镇压措施也升级了，巴黎警察对犹太人展开了大规模的搜捕。夏尔·戴高乐将军拒绝接受停战协议，拒不承认维希政权，自流亡伦敦起，他就敦促巴黎人保持冷静，但未能阻止1944年8月19日巴黎爆发的反德起义。8月25日，"自由法国"运动组织的坦克和美国军队进入巴黎，戴高乐也抵达巴黎，德国人投降。第二天，在众多群众的欢呼声中，戴高乐率领胜利的游行队伍通过了香榭丽舍大街。

3秒钟人物传记

菲利浦·贝当元帅
1856 —1951
第一次世界大战英雄，致力于与德国合作的法国维希政权的首脑。于1945年8月因叛国罪被判处死刑，后被戴高乐减刑至终身监禁。

夏尔·戴高乐将军
1890 —1970
1940—1944年总部位于伦敦和阿尔及尔的法国流亡政府"自由法国"运动组织的首脑。1944—1946年，任法国临时政府首脑。1958年建立法兰西第五共和国，担任总统直至1969年辞职。

本文作者

戴维·德雷克

在德国占领期间，巴黎是德占法国事实上的首都。

DEUTSCHLAND SIEGT AN ALLEN FRONTEN

现代时期

30秒钟游览

第二次世界大战后的"辉煌三十年"里，戴高乐总统拆除了巴黎的棚户区和破败的房屋，在郊区建起了高耸的住宅楼，该项目被称为"大规模高层住宅项目"。弗朗索瓦·密特朗总统的大型文化项目则重塑了巴黎的地标性古建筑景观，该项目修复了卢浮宫，将奥赛火车站改造为博物馆，还建造了法国国家图书馆、阿拉伯世界研究院和拉德芳斯商业区。2007年起，"大巴黎捷运项目"旨在应对将市中心和郊区连接起来的运输基础设施的需求，预计到2030年新建地铁线路的长度将达到200千米（124英里）以上。随着殖民地独立运动的发展和1954—1962年阿尔及利亚战争的结束，持续来自法国前殖民地的移民让巴黎成为欧洲文化最多元的城市，但巴黎市政府多次令人震惊的失误也随之而来。1961年10月，阿尔及利亚民族解放阵线（FLN）发起的和平游行遭到警方镇压，并导致至少200名阿尔及利亚人丧生。而20世纪70年代和80年代的去工业化则在种族众多、工人阶层居住的郊区引发了危机。这些地区现如今已经是失业、动荡和种族隔离的象征。正如2005年11月和2007年11月在巴黎郊区发生的骚乱和2015年《查理周刊》和巴塔克兰剧院遭袭事件表明，现在巴黎面临最紧迫的挑战是文化融合。

3秒钟概览

现代化和殖民地独立是塑造现代巴黎建筑和文化形态最重要的两股力量。

3分钟扩展

如今，离奇建筑不时出现，改变了老巴黎常见的石灰岩建筑的风格。1973年，蒙帕纳斯大厦成功挑战了巴黎建筑物31米（100英尺）的高度限制，它高达210米（690英尺），是一座直刺云霄的摩天大楼。伦佐·皮亚诺和理查德·罗杰斯设计并于1977年投入使用的蓬皮杜中心，其内部结构外露，与贝聿铭设计并于1989年投入使用的卢浮宫金字塔的玻璃形成反差，都在公众舆论中形成了极其激烈的分歧，但两者仍是巴黎来访人数最多的旅游景点。

3秒钟人物传记

弗朗索瓦·密特朗
1916—1996
法国社会党领导人、法国执政时间最长的总统（1981—1995年）。卢浮宫金字塔建造期间被讽刺性报纸《鸭鸣报》戏称为"密特朗一世"。

本文作者

吉利安·杰恩

巴黎文化和社会的现代化提出了很多挑战。

巴黎各区

巴黎各区
词汇表

1789年7月14日（14 July 1789） 通常被认为是法国大革命爆发的日子。这一天巴士底狱被愤怒的暴民攻击并升级成起义。巴士底狱最早为14世纪的城堡，后来成为监狱和压迫的象征。尽管巴士底狱在之后一年内被拆除，但它仍然是后世关于法国大革命真实描述和虚构故事的"核心"。7月14日一直是法国重要的全国纪念日之一。

区（*arrondisseweut*） 拥有自己的议会和民选市长的行政区。1759年巴黎设置了最早的12个区，1795年在拿破仑三世治下增至20个区。各区的面积和人口不等。2016年巴黎市长安妮·伊达尔戈提议到2020年将第1~4区合并为一个行政单元，但每个区仍将保留自己的区号。里昂和马塞是法国仅有的其他两个以数字来给各区编号的城市。

新艺术（Art Nouveau） 一种艺术和建筑形式，出现在19世纪晚期、20世纪初期，与更早的传统艺术形式相对。特征为色彩和流动形式的使用，通常受到自然世界的启发。吉马德设计的巴黎地铁站入口就是新艺术的例子。

布波族（*bobo*） 法语单词资产阶级（*bourgeois*）和波西米亚（*bohème*）的缩写，意为波西米亚资产阶级，是略带轻蔑地描述一种特殊生活方式的词语。

地下墓葬区（catacombs） 它是一大片管道区域，以前曾是自中世纪起随巴黎城市扩展而开挖的石灰岩采石场。自18世纪晚期起，因巴黎其他区域的墓地成为卫生隐患，于是将巴黎第14区的这一部分改造成为公墓。地下墓葬区是一块长约2千米（1英里）的区域，现在是丹弗尔-罗什洛广场下方的博物馆，精心布置有廊道和空地。尽管该网络已被正式关闭，其剩余的部分（长度约300千米，约180英里）仍被"盗墓人"用于各种活动。

收税墙（Customs Wall） 又称为农夫墙，建造于1784—1791年，旨在对货物，尤其是被带入巴黎的酒类征收入城税。豪斯曼改造巴黎的过程中，收税墙被拆毁，但最早的62处收费路障的遗迹仍存于第8区的蒙梭公园和第14区的丹费尔-罗什洛广场。

世纪末（*fin de siècle*） 尽管这个短语字面上的意思是世纪之末，但通常还会包含下一世纪的头几年。在法国，"世纪末"

通常是指19世纪末和20世纪初，通常认为这一时期的特点是动荡和衰落。

火车站（*gare*） 巴黎有六个主要的"火车站"（*gare*），服务于外省和国外。地铁、连接市中心和郊区的区域高速铁路系统线路的站则被称为"车站"（*station*）。

大学校（*grandes écoles*） 与大学（universities）不同，大学校的录取有时候更难一些，方式为竞争性考试。大学校建立于18世纪，旨在为政府部门关键岗位提供培训。

小咖啡馆（*guinguettes*） 提供廉价吃食饮料和娱乐的场所，通常在河边，最开始位于巴黎城墙之外，因而无须纳税。在18世纪得到发展，在19世纪末和20世纪初特别受欢迎。

豪斯曼巴黎改造项目"Haussmannization" 指豪斯曼为提升巴黎品质而进行的城市改造项目。

"*hôtel*" 除了英语中的常用义"酒店"，这个词还可以用来指独立的私人居所和政府大楼，如市政厅（*Hôtel de Ville*）或税务局（*Hôtel des Impôts*）。

肖蒙山丘公园（Parc de Buttes-Chaumont） 位于巴黎第19区，是一座很受欢迎的公园，修建于19世纪60年代，所在地之前是豪斯曼巴黎城市改造项目中的垃圾污水处理场和采石场。公园景观由让-夏尔·阿尔方设计，主要景点有湖、通过小桥可达的湖心岛、人工洞穴、瀑布、陡坡和峭壁。湖心岛上有西比尔神庙，完全模仿意大利蒂沃利的维斯塔神庙。公园被曾围绕巴黎城的铁路线"小环线"所分隔，而小环线现已不再使用。

蒙帕纳斯

30秒钟游览

3秒钟概览

蒙帕纳斯位于巴黎西南角的几个区里。巴黎大部分的文化和社会历史都体现在坐落于蒙帕纳斯大街上的艺术工作室和标志性的咖啡馆。

3分钟扩展

蒙帕纳斯是巴黎所有历史纪念地中游客最多的地方之一。它有着密集的鹅卵石路、宽阔的林荫大道、公园、市场和地下墓葬区，因此有自己的身份标识。很久以前，欧内斯特·海明威、F.斯科特·菲茨杰拉德和亨利·米勒等人常常来这里，而在德占时期纳粹军官喜欢这里的酒吧，蒙帕纳斯一直都有着很高的国际化程度。这里的公墓是让-保罗·萨特和西蒙娜·德·波伏娃的安息之所。

蒙帕纳斯是19世纪的学生们用古希腊神话中缪斯女神们在山中居住地的名字命名的。不到一百年后，蒙帕纳斯就成了巴黎最国际化和文化最多元化的地区。蒙帕纳斯主要位于第14区，也有部分位于第5~7区和第15区。到20世纪20年代，艺术家和作家们，尤其是来自美国和俄国的艺术家和作家们，在这里建立了自己的居所和工作室，其遗迹现在仍然存在。泡咖啡馆的生活方式得到了迅速的发展，继续成为非常社会化和政治化的生活方式。游客们蜂拥来到巴黎的地下墓穴区，这里曾是中世纪采石场的一小部分，在18世纪晚期经过改造成为墓葬区，以取代古老的墓地。这里的蒙苏里公园和巴桑公园是本地居民非常欢迎的场所，他们在这里逃离城市生活，而蒙帕纳斯大厦作为一座宏伟的建筑，其第56层让人们能鸟瞰城市全景。同拉雪兹神父公墓一样，蒙帕纳斯的墓葬区进行过景观设计，仍然耸立着此区域过去众多风车坊中的唯一幸存者（红磨坊）。这里埋葬着许多艺术家、作家和政治人物。欢乐大道是巴黎所有街道中剧院最密集的街道，而梵维斯市场则是在周末繁忙的跳蚤市场。蒙帕纳斯火车站延续了过去一百年的传统，与法国西南部和布列塔尼地区有着便捷的交通。

3秒钟人物传记

西蒙娜·德·波伏娃
1908—1986
小说家、散文家、哲学家。因其对法国妇女运动兴起的贡献而得到广泛认可。

本文作者

约翰·弗劳尔

尽管蒙帕纳斯的部分区域在文化和政治上非常活跃，但仍保持着相当程度的乡村氛围。

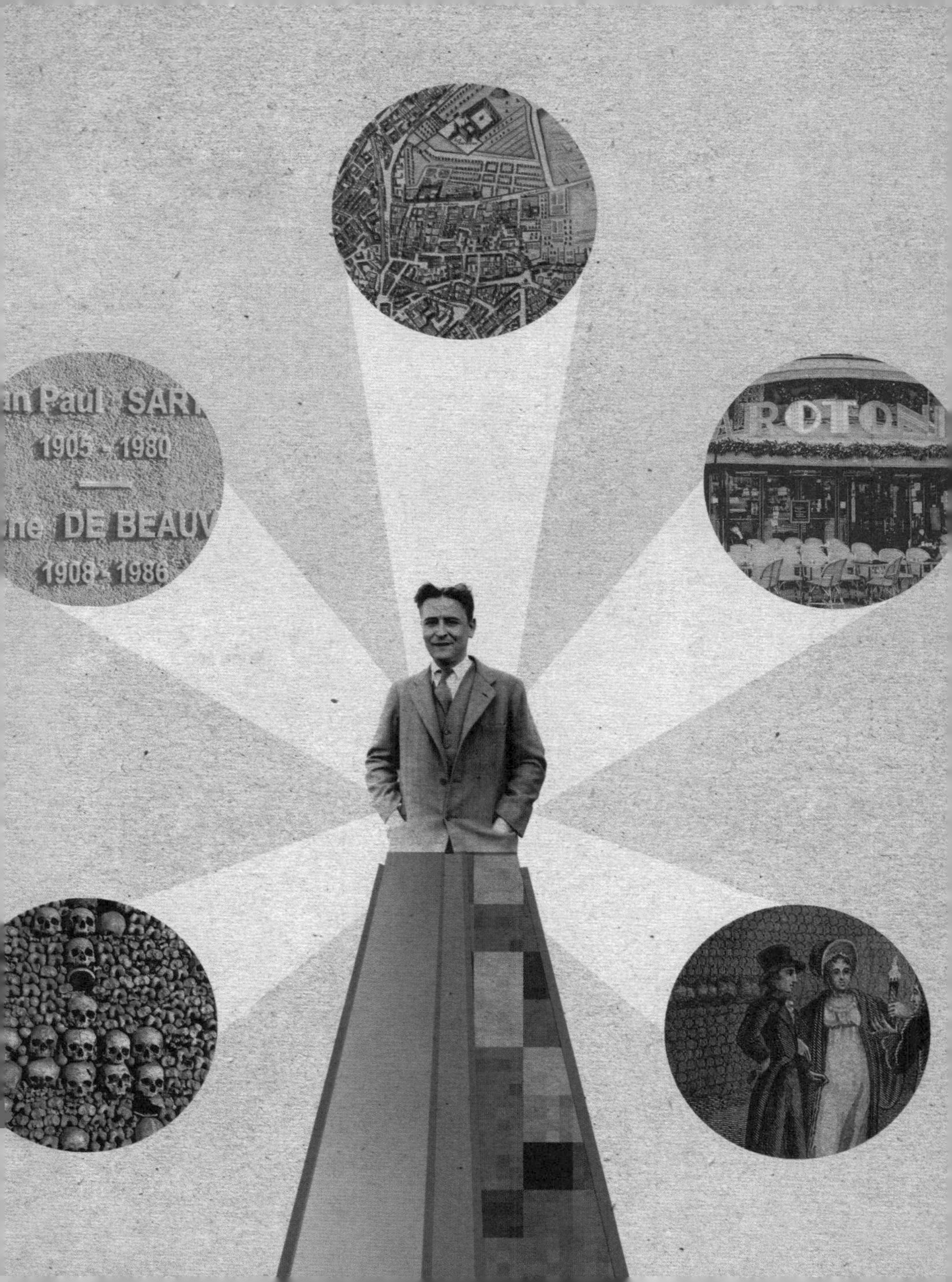

n Paul SART
1905 - 1980
ne DE BEAUV
1908 - 1986
ROTON

蒙马特

30秒钟游览

蒙马特曾经是乡村和圣地。1784年在收税墙建成后，就变得有名起来，因为收税墙外有价格便宜的酒类和娱乐场所。巴黎在1860年得以扩建，之后蒙马特地势较低的街道就成了娱乐中心，而地势较高的地区则仍旧不那么繁华，但受到艺术家、作家、罪犯和无政府主义者的青睐。鲁道夫·萨利于1881年开办的黑猫夜总会在晚间提供歌舞表演，吸引了来自巴黎及远方的游客。而"美好年代"里的蒙马特，就是"巴黎欢愉"的同义词。在这个时期，圣心大教堂建成。在1889年开张的"红磨坊"等酒吧的带动下，这种更强烈的欢愉吸引了法国的资产阶级以及美国、俄国和英国的贵族，以及雷诺阿、图卢兹-洛特雷克等画家。20世纪头十年里，艺术家和作家们搬到地势更高的蒙马特高地，聚集在索乐街上小丘广场的咖啡馆和"狡兔"酒吧。第一次世界大战后，很多艺术家都搬往蒙帕纳斯，但蒙马特则通过美国爵士乐俱乐部和米斯丁格、莫里斯·舍瓦利耶和约瑟芬·贝克等酒吧明星仍然受到欢迎。第二次世界大战结束时，蒙马特就丧失了它的竞争力，其娱乐业的标志就是人们熟悉而奢靡的音乐酒吧和廉价而俗丽的"特殊产业"。

3秒钟概览

圣心大教堂掌控着巴黎的天际线，而蒙马特的山顶和山脚下的音乐厅从19世纪80年代以来一直都是艺术家的创作对象。

3分钟扩展

圣心大教堂由保罗·阿巴迪设计，于1876年动工，并于1914年完工。长方形的教堂采用了当时时髦的拜占庭风格，其建设资金以"全民救世"的名义在全国募捐筹得。这展示了教会的权威，尽管在第三共和国期间其权威变得日益脆弱。因此，教堂受到传统主义者、审美家和左派人士的猛烈批评，但这群人中没有任何人能阻止圣心大教堂成为巴黎热门的景点之一。

相关主题

美好年代　12页
蒙帕纳斯　24页
人物介绍：亨利·德·图卢兹-洛特雷克75页

3秒钟人物传记

皮埃尔-奥古斯特·雷诺阿
1841—1919
画家，《红磨坊的舞会》的作者，这幅画表现了巴黎工人阶级在蒙马特的休闲时光。

密斯丹格苔
1875—1956
法国酒吧明星，一度是世界上酬劳最高的舞台女演员。

约瑟芬·贝克
1906—1975
美国黑人，酒吧明星。20世纪50年代为表明反对种族主义，她收养了12名种族背景不同的孩子。

本文作者

尼古拉斯·赫威特

作家和艺术家们喜欢波西米亚风格的蒙马特。

玛莱区

30秒钟游览

玛莱区是巴黎的第4区，在500年的历史长河中经历了多次的改造。孚日广场过去曾为皇家广场，是由国王亨利四世发起的建筑项目的一部分，于1612年落成。作为巴黎第一个规划的广场，它吸引了贵族人士在此兴建豪宅。其贵族性质在18世纪中期被改变了。法国大革命期间，随着附近的巴士底狱于1789年7月14日被攻占，贵族们逃离了此地。这片区域在19世纪时未进入豪斯曼的巴黎改造计划。但到了20世纪上半叶，该地区因肮脏不堪、人口过多和过时落伍以至于面临被完全拆除的境地。20世纪60年代初，时任法国文化部长的安德烈·马尔罗拯救了这里，在1965年将其打造成巴黎的第一个保护区。如今整修过的漂亮建筑吸引着无数的游客，而此地至少有十个博物馆、多个重要的教堂、赫克托·吉马德的犹太教堂以及各种文化机构。玛莱区不仅是巴黎时尚而国际化的一部分，更是犹太社区集中的地方。玛莱区已经恢复昔日的吸引力。游客们不仅探访这一地区的精品商店和酒吧，还涌向孚日广场、维克多·雨果故居、修复后的毕加索博物馆和卡纳瓦莱博物馆，后者是文艺复兴时期建筑的杰出典范。

3秒钟概览

玛莱区建于沼泽地之上，"玛莱"即为"沼泽"之意。这里曾经是贵族和文人墨客居住的地方，产生过"老巴黎"精神，从其建筑物就能看出来。

3分钟扩展

"盐宫"是巴黎最奢华的宅邸之一，位于托里尼街，建于1659年，为皮埃尔·奥伯特的住所，现在则是毕加索博物馆所在地。馆藏包括大量杰出的艺术藏品。由于历史遗迹部的资助，该建筑物在1979—1985年经罗兰·西莫内修缮后，恢复了昔日的辉煌。

3秒钟人物传记

亨利四世
1553—1610
波旁王朝的第一位国王，他兴建了皇家广场。

维克多·雨果
1802—1885
浪漫主义作家，1832—1848年生活在孚日广场6号公寓里，在此他完成了一些自己最著名的作品，如《悲惨世界》的大部分。

本文作者

索菲·博斯托克

玛莱区以其所在的沼泽地命名。这个历史悠久的区域被人们称作"老巴黎"。

PLACE DES VOGES
3e Arrt

DES POMPES ET MAGNIFICENCES DV CAROVSEL FAICT EN LA PLACE ROYALLE A PARIS LE V. VI. VII. DAP

1867年3月10日
出生于里昂，1880年随家人搬到巴黎

1882—1885年
就读于法国国立高等装饰艺术学院（大学校）

1885—1897年
就读于巴黎国立高等美术学院（大学校），但未能毕业

1893年
为一位住在巴黎第16区的邻居设计了嘉喜德酒店和家具。在第16区可以找到他仍存世建筑的大部分

1894年
参观维克多·奥尔塔位于布鲁塞尔的塔赛尔公馆（设计于1893年）

1894—1898年
遇到了年轻孀居的傅里叶夫人，她委托吉马德设计贝朗榭公寓。该公寓有36套公寓房，现被公认为法国新艺术建筑的开端

1899—1900年
受巴黎地铁委托设计新地铁站入口。由吉马德设计、现仍存世的地铁站中，皇太子妃门地铁站保留有最完整的结构

1898—1900年
安贝儿-德-罗曼音乐厅建成，使用了增强音效的创新结构。音乐厅于1905年被拆除

1899—1903年
恩利艾特公寓在巴黎塞弗热建成。该公寓为很多电影提供了背景，直至1969年被拆除

1903年
在巴黎国际家居展上展示了"吉马德风格"

1904—1906年
设计了诺扎尔酒店和家具。这是工业家莱昂·诺扎尔委托的数个项目中的一个

1910—1912年
将吉马德酒店作为结婚礼物送与妻子阿德丽娜·奥本海姆。创立了新的结构形式来反应内部布局的功能需求

1913年
使用混凝土在巴黎玛莱区建成了犹太教堂

1929年
获得法国荣誉军团勋章

1930年
完成了自己约300个项目中的最后一个。这是位于巴黎弗克雷森的一所住宅，其置于外部的管道兼具结构和装饰功能

1942年5月20日
在纽约去世

1948年
吉马德的遗孀主动向国家献出私人住宅和家具，但遭婉拒

1960年
蓬皮杜中心"20世纪之源"大型展览标志着官方对吉马德的重新评估

1972年
布朗热公寓被评定为历史建筑

人物介绍：赫克托·吉马德

HECTOR GUIMARD

作为设计师兼建筑师，赫克托·吉马德，让19世纪末的巴黎有了一个最鲜明的特征，那就是漆成与众不同的绿色、由铸铁制成的"大都市"式（地铁）入口，以及上面装饰着大眼睛的拱门、镶有玻璃的穹顶以及独特的字体。这些富于想象的建筑物将新艺术介绍给公众，也让人们认识到巴黎作为国际流行中心的地位。

吉马德出生在里昂，后于13岁时搬到巴黎。在巴黎，他先是进入法国国立高等装饰艺术学院（大学校）上学，日后他还成为这里的老师。然后他进入闻名遐迩的巴黎国立高等美术学院（大学校）上学，吸收了尤金-维奥莱-勒-杜克的观点，后者是影响力很大的理论家，因对巴黎圣母院等中世纪建筑进行解释性的"修复"而闻名。这些理性主义的观点为一种新型的建筑思想提供了基础，这种思想的基础是有机结构、不对称设计以及与理想设计形式相称的建筑材料。

吉马德参观了维克多·奥尔塔位于布鲁塞尔的塔赛尔公馆，深受其标志性的"流线型生物形状"的影响。吉马德的创意来源于他的整体设计理念和关于建筑和装饰的"新词库"（理念），尤其是创造性地使用迥异的材料，如石头、砖、陶土和钢铁。"当我建造一幢住宅的时候，"

他写道，"我凝视着宇宙呈现我的壮观景象。"

吉马德在1894年取得了突破。当时他受委托建造一幢大型的公寓楼，地址在巴黎西郊繁华的奥特伊。吉马德有了让自己的想象力任意发挥的机会，他构想出每一处内部和外部细节，从铸铁栏杆的曲线外观到公共空间，从入口处的石雕到门把手和家具。建成的贝朗榭公寓被批评家们戏称为"疯狂城堡"，但它在"最佳建筑外观大赛"中胜出，还让吉马德获得设计巴黎地铁新站入口的机会，及时迎接了巴黎1900年世界博览会的5000万名游客。此后的十年里，吉马德收获颇丰，得到了一系列为数众多的私人项目，包括华丽的音乐厅，巴黎郊外的几座别墅及他自己的家。第一次世界大战后，吉马德调整了自己的风格以适应现代要求，尝试使用钢筋混凝土等预制材料。

1938年，吉马德同他的美国妻子前往纽约，不久便默默无闻地去世了。他的艺术遗产在如此之长的时间里被忽视了，他的大量作品被毁坏了，部分原因是时机不太好。最终淹没在古板的传统卫道士和清教徒式的现代主义前卫派的"对抗与交火"中。

尼吉尔·里奇

贝尔维尔

30秒钟游览

3秒钟概览

贝尔维尔是工人阶级的社区，跨巴黎东北部四个区。与蒙马特相比，贝尔维尔的游客没那么多，但同样吸引人。

3分钟扩展

尽管人口结构发生了变化，贝尔维尔仍让正在消失的法国工人阶级有一种思乡之情。很多工人在贝尔维尔定居，并积极参加1848年的"二月革命"和1871年短暂的"巴黎公社"运动。这种激情，同流行艺术曾经的代表性重要人物（如阿里斯蒂德·布吕昂、珍妮·阿弗莉和伊迪丝·琵雅芙，后面两位女性都出生在贝尔维尔）一道，诠释了贝尔维尔在古老巴黎长盛不衰神话中的地位，即便现在也仍然如此。

贝尔维尔夹在东面的拉雪兹神父公墓和西面的肖蒙山（丘）之间。它于1860年成为巴黎的一部分。其经济主要依靠葡萄种植业和后来的采石业。宏伟的贝尔维尔公园就建造在采石场的原址上。公园于1988年开园，现在仍然有葡萄园，但让公园更出名的，则是因为这里能看到巴黎市中心壮丽的景色。而在文化上，贝尔维尔长期以来以不同的方式发挥着重要的作用。这里曾是非常典型的巴黎小咖啡馆的发源地，后来又出现了一家叫作"疯狂的贝尔维尔"的酒吧，伊迪丝·琵雅芙和莫里斯·舍瓦利耶等明星曾在此演出。贝尔维尔还经常出现在小说和电影中，出现在音乐作品中则更加频繁。这些音乐作品包括阿里斯蒂德·布吕昂的《贝尔维尔-梅尼蒙当》，姜戈·莱茵哈特的器乐演奏《贝尔维尔》和本地摇滚歌手埃迪·米切尔自传性质的歌曲《纳什维尔还是贝尔维尔》。随着中产阶级化的快速进行，"贝尔维尔"现在以其街道艺术和时尚咖啡馆闻名。这里的房租不是太离谱，所以被艺术家和赶时髦的"布波族"们占领了。过去数十年，持续不断涌入的俄国人、波兰和德国的犹太人、亚美尼亚人、希腊人、非洲人和中国人让这一地区有了具有高度种族多样性的咖啡店、商店、餐馆和市场摊位。

相关主题

蒙马特　26页
拉雪兹神父公墓　62页

3秒钟人物传记

阿里斯蒂德·布吕昂
1851 — 1925
法国歌手，歌曲作家，通常被认为是法国"香颂"的开创者之一。

莫里斯·舍瓦利耶
1888 — 1972
出生于工人阶级家庭的法国歌手。作为法国名人的代表，他的职业生涯非常国际化，既有音乐咖啡馆的演出，也曾出演过1958年好莱坞电影《金粉世界》。

伊迪丝·琵雅芙
1915 — 1963
在20世纪30年代开始其职业生涯，成为法国在全世界最负盛名的演唱明星。

本文作者

戴维·卢塞利

贝尔维尔具有波西米亚风格的山坡区域，吸引了音乐家和艺术家。

拉丁区

30秒钟游览

3分钟扩展
拉丁区以倔强的学生而闻名，这一点在1968年5月得以再次确认。当时反对政府大学政策的抗议活动导致学生占领索邦大学，参与暴乱并设置路障。占领活动受到萨特等同情者的支持。但讽刺的是，最初被指望用来镇压暴乱的圣米歇尔大街，成为学生和防暴警察的主战场。大学被拆分成多个更易管理的机构，学生们的部分要求得到了满足，但代价是他们常常得去郊区上学。

在塞纳河左岸地势最高的圣吉纳维埃夫山和鲁特西亚时期公众集会的地方，坐落着巴黎的拉丁区和教区教堂圣埃蒂安-迪蒙教堂。拉丁区位于塞纳河和卢森堡花园之间，在豪斯曼修建的圣米歇尔大道的两侧延伸。罗伯特·德·索邦于1253年建立的小型技术学院后来成为巴黎大学（索邦大学），它是中世纪欧洲最大的大学，来自各地的学生使用拉丁语作为共同的语言，拉丁区因此而得名。当法国在1469年购得第一台印刷设备后，拉丁区就成为一处主要的出版中心。巴黎大学还被其他著名的机构环绕，包括法兰西学院（成立于1530年）、亨利四世中学（成立于1796年）和一些大学校，如1805年建校的巴黎综合理工大学院（现迁址至郊区的帕莱索）。先贤祠是一座新经典风格的教堂，于1791年成为安葬共和国英雄的国家公墓，它控制了塞纳河左岸的天际线。从一开始，拉丁区就是一个充满活力的街区，租房和住宿便宜，学生们住在一起，还和当地的商贩、罪犯以及艺术家"打"成一片。这些已经表现在中世纪诗人维庸的生活中，后来又成为缪尔热和普契尼深情描绘19世纪巴黎波西米亚生活方式的基础。

相关主题
高卢-罗马时期　4页
中世纪时期　6页
人物介绍：乔治-尤金·豪斯曼　99页

3秒钟人物传记
弗朗索瓦·维庸
1431 — 约1463
学生、"罪犯"和诗人。分别于1456年和1461年写成《小遗言集》和《大遗言集》。

亨利·缪尔热
1822 — 1861
诗人、作家。其1851年的作品《拉丁区》和1847—1849年的作品《波西米亚人的生活情景》中表达了对巴黎波西米亚生活方式的喜爱。两部作品是普契尼歌剧《波西米亚人》的基础。

让-保罗·萨特
1905 — 1980
哲学家、作家、记者及剧作家。

本文作者
尼古拉斯·赫威特

拉丁区是巴黎的学术中心。

塞纳河和露天场所 ❶

塞纳河和露天场所
词汇表

区（*arroudissement*）　拥有自己的议会和民选市长的行政区。1759年巴黎设置了最早的12个区，1795年在拿破仑三世治下增至20个区。各区的面积和人口不等。2016年巴黎市长安妮·伊达尔戈提议到2020年将第1~4区合并为一个行政单元，但每个区仍将保留自己的序号。里昂和马塞是法国仅有的其他两个以数字给各区编号的城市。

富人区（*beaux quartiers*）　富裕人士居住区，主要位于巴黎第8区、第16区和第17区，一直延伸至布洛涅森林。主要居民为世代居住于此的家族和新贵。此区域的房产极其昂贵，政治倾向通常为右翼。

旧书商（*bouquinistes*）　二手书商。这个词来源于书籍的俚语"bouquin"，而动词"bouquiner"的意思是阅读和寻找书籍。

五人委员会（Directory）　1795—1799年在法国执政的委员会，由五人组成。该委员会缓和了法国大革命早期的紧张气氛，但缺少连贯的政策，后被削弱，最后被拿破仑推翻。

世界博览会（*Exposition Uuioer Selle*）　1889年举行的世界博览会旨在纪念法国大革命100周年，中心位置在战神广场，占地面积约一平方千米。

浪荡子（*flâueur*）　从字面上是指一个男性的流浪者或无所事事的人。从19世纪中叶起，因豪斯曼对巴黎进行改造，这个词的描述对象进一步"拓展"至具有观察力和好奇心的人。浪荡子还被视为"局外人"，并成为巴黎生活方式与众不同的象征。

密特朗大建设（*grands projets*）　在1982—1998年实施的建设项目，通过建筑彰显巴黎在现代世界中的卓越地位。最早由瓦莱里·吉斯卡尔·德·斯坦总统提出，后被弗朗索瓦·密特朗总统积极采纳并实施。代表性的项目包括位于巴士底的新歌剧院、位于贝尔西的财政部和位于拉德芳斯的新凯旋门。

"*hôtel*"　除了英语中的常用义"酒店"，这个词还可以用来指独立的私人居所和政府大楼，如市政厅（*Hôtel de Ville*）和税务局（*Hôtel des Impots*）。

1968年5月风暴（May 1968） 该月学生骚乱、大规模暴力示威和大罢工使戴高乐总统的政府垮台并使其最终辞职。

被驱逐者纪念堂（Memorial of the Deportation） 位于西岱岛最东端的下方，几与水面齐平，为纪念德占时期被驱逐至集中营的成千上万名法国人而修建。未经修饰的庭院里有七根钢柱，上面有交错的尖刃，直冲镶有小灯的六边形空间。而光秃秃的囚室有沉重的大门，墙上则刻着作家们纪念"抵抗运动"的作品摘抄。

巴黎环城路（*Péripherique*） 于1973年启用，全长35千米（21英里），几乎沿着19世纪70年代的城墙和防御工事修建的道路。每天使用环城路的车辆接近一百万辆，也是噪声和污染的来源地。

小环线（*Petite Ceiuture*） "小环线"昵称为"小腰带"，是围绕巴黎旧城墙和防御工事的铁路线的绰号。于1852—1869年建造。最初由军队提出，作为围绕巴黎快速运输部队和物资的方式。随后具有了城市和商业用途，一直使用至20世纪70年代，而其部分区间则继续使用至21世纪初。尽管大部分已关闭，车站已不可用，但少量位于巴黎第14~17区的区域仍向公众开放，而更多的区域正规划对公众开放。随着自然界的植物"占据"小环线的大部分，人们认为小环线对巴黎的生态系统做出了巨大的贡献。

地区捷运网络（RER） 连接市中心和郊区的快速交通系统。

沙龙（salon） 聚会，常常是在富裕女士的家中举行，目的是讨论知识和文化，在18世纪尤其盛行。到了19世纪，这个词常用于展览，尤其是艺术展。

法兰西第二帝国（Second Empire）（1852—1870年）拿破仑三世（路易-拿破仑）治下的时期，法国再次回到君主体制，并在此期间进行殖民扩张。第二帝国的最后十年更为自由，豪斯曼男爵受命监管巴黎重建，此时商业蓬勃发展，尤其引人注意的是百货商店的出现。随着法国在普法战争中战败，拿破仑三世被短期拘禁在德国，随后流亡英国，并于1873年在英国去世。

桥

30秒钟游览

3秒钟概览
巴黎桥梁众多，过去与桥梁有关的死亡、神话和浪漫史触目惊心，令人称奇。它们为这座城市的历史和发展提供了"万花筒"似的视角。

3分钟扩展
巴黎的桥对情侣和艺术家来说有着不可抗拒的吸引力。21世纪有一个段子，即在艺术大桥的栏杆上挂上大量的"同心锁"，这种既浪漫又有破坏性的行为使该桥于2014年部分垮塌。桥一直是电影的焦点，如1991年的《新桥恋人》中展现了新桥，而2005年的《安吉拉》中则有亚历山大三世桥出镜。

目前巴黎市中心塞纳河段有37座桥。尽管在古代人们就从巴黎圣母院桥上跨过塞纳河，但如今这些桥还是维持着它们最初的状态。这些桥有的是属于17世纪的文物，有的则是现代工程的杰作。"新桥"实际上是巴黎现存最古老的桥，它建于1607年。而最新的桥则是2006年建成的西蒙娜·德·波伏娃桥。皇室、圣人和战争的名字常被用来给巴黎的桥命名，从圣日内维耶（巴黎的主保圣人）到西蒙娜·德·波伏娃（女性主义的"守护神"），从1796年阿尔柯拉桥战役到1942年比尔哈凯姆战役。桥频繁地被重新命名，反映了几百年间各种各样的效忠行为和庆典活动。也许受到塞纳河"不吉利"但平和的河水吸引，绝望的人们常常从巴黎的桥上跳下。这不仅发生在真实的生活和虚构的小说里，还发生在难以说清的两者之间，如维克多·雨果1862年作品《悲惨世界》中的人物沙威。人们一直把关于无名溺水者的死亡面具的故事当作桥和桥下河水的神奇故事来讲述。

3秒钟人物传记
安德烈-路易·戈蒂
1828—1896
阿尔玛大桥的桥墩上有一座雕像，纪念拿破仑战争时期的一位战士。它通常用作非正式标准以衡量塞纳河的水位。

纪尧姆·阿波利奈尔
1880—1918
法国诗人，其作品《米拉波桥》赞颂了这座桥。

克里斯托和让娜-克劳德
艺术家夫妻，1985年用织物将新桥裹住，作为一项艺术作品。

本文作者
伊丽莎白·本杰明

巴黎的37座桥见证了这座城市浪漫而动荡的历史。

岛

30秒钟游览

众多的自然岛过去曾是远古时期巴黎各种文明形成的地方。随着时间的推移，它们已经融合在一起，在巴黎市中心仅仅留下了两个岛，即西岱岛和圣路易岛。巴黎市中心的第三个岛叫作天鹅岛。这是一个人工岛，岛上有自由女神像，它比美国的自由女神像要小一些。巴黎的岛，尤其是西岱岛，通常被认为是法兰西民族的诞生地，尽管最近的考古发现否认了这一点。圣路易岛的很多街道非常有代表性，让人们可以了解巴黎天翻地覆的城市规划，比如那些令人印象深刻的私人住所，让人根本想不到它们过去曾经是田园。巴黎环城路外的大碗岛，因吸引印象派画家而闻名，它被乔治·修拉画进了他的点彩派杰作《大碗岛上的星期天下午》里。巴黎的岛还有过去灾难留下的伤痕，包括会引起幽闭症的被驱逐者纪念馆，以及现在非常平和的瓦尔嘉朗广场，这个广场过去曾是死刑行刑地。这两处建筑分别位于西岱岛的东西两端。沿着塞纳河往下游走，还有两个岛，分别是圣日耳曼岛和塞甘岛，两处岛屿分别从军营和雷诺工厂转变为住宅区、办公楼、花园和艺术空间。

3秒钟概览
我们所知道的巴黎，过去曾是沼泽中的一系列小岛，充满了神秘的怪物，这与今天喧嚣的大都市相去甚远。

3分钟扩展
西岱岛数百年来都是法国司法机构的主要所在地。在西岱岛的一端，靠近有着金色大门的巴黎司法官的建筑，是阴森恐怖的巴黎古监狱，它在法国大革命期间是一所监狱，如今被用作法庭。而在岛的另一端则坐落着雄伟的巴黎圣母院大教堂，它代表神圣的正义。两者之间则是惩戒和救治机构，因为西岱岛还是巴黎警察局和主宫医院的所在地。

相关主题
高卢-罗马时期　4页
桥　40页
巴黎圣母院　88页
圣礼拜堂　90页
拉德芳斯　128页

3秒钟人物传记
路易·菲利普一世
1773 — 1850
法国国王，将其十个孩子安置于大碗岛。

查尔斯·波德莱尔
1821 — 1867
作家、翻译家、杂文家和艺术评论家。他是圣路易岛的居民。

本文作者
伊丽莎白·本杰明

西岱岛位于巴黎市中心，是在巴黎衡量路程的起点。

圣马丁运河

30秒钟游览

3秒钟概览

圣马丁运河是19世纪修建的水道，从阿森纳一直到维莱特，运河两侧绿树成荫。运河旁有标志性的北方旅馆，令人想起那个业已消失但受人欢迎的巴黎。

3分钟扩展

两次世界大战之间的小说《北方旅馆》和同名电影，描绘了巴黎这座受人欢迎的城市，但其美好景象正逐渐消散。虽然可以批评城市改造项目赶走原住民而迎来更加年轻和富有的居民，但也可以赞扬城市改造作为一项极其成功的典范，改变了城市景观，并在塞纳河和巴辛德拉维莱特低地间修建了赏心悦目的绿色走廊。

连接塞纳河和乌尔克运河的圣马丁运河，建成于1802年，其功能是将淡水输送至饱受霍乱之苦的巴黎，并兼顾货物运输。1860年，豪斯曼将运河南至共和国广场的部分覆盖起来成为暗渠，修建了理查德-勒努瓦大街，而瓦尔米码头和热马普码头之间的北段则维持明渠的状态，各种水闸和标志性的高拱铁桥也得以保留。由于运河上有交通往来，两侧有仓库和工厂，加之离巴黎北（火车）站和东（火车）站很近，这里传统工匠的人数便增加了，但现在这些人已经不在了。"北方旅馆"是欧仁·达比1928年小说和马塞尔·卡尔内1938年电影的主题。这个旅馆现已拆除，只留下"外立面"，是对逝去的那个时代的纪念。圣马丁运河还是巴黎城市改造的标杆，因为跃层式公寓取代了这里原有的仓库和工业建筑，吸引了年轻专业人士涌入。运河交通主要是游船，因此运河还成为人们钟爱的休闲区。导演让-皮埃尔·热内2002年执导的电影《天使爱美丽》中，女主人公就是在圣马丁运河旁丢石子的。运河本身是巴黎北部重要的公共空间，现在两侧时尚商店、酒吧和餐馆林立。

相关主题

共和国广场　64页
人物介绍：乔治-尤金·豪斯曼　99页

3秒钟人物传记

欧仁·达比
1898—1936
获奖小说《北方旅馆》被改编为法国电影的经典。

马塞尔·卡尔内
1906—1996
执导过多部深受好评的电影，包括《北方旅馆》。

让-皮埃尔·热内
电影导演和编剧，以黑色喜剧出名，包括《黑店狂想曲》（1991年）和《天使爱美丽》（2002年）。

本文作者

尼古拉斯·赫威特

圣马丁运河两侧绿树成行，风景迷人，穿过巴黎风景如画之地。

码头

30秒钟游览

3分钟扩展
另一项人们经常讨论的河岸整治工程是在2002年名为"巴黎海滩"的都市海滩项目中实施的。该项目将塞纳河两岸的延伸地带打造成临时无车辆通行的空间，让人们在此进行夏季日光浴、庆祝活动和谈恋爱。2016年市长安妮·伊达尔戈鼓励在塞纳河右岸的河滩上规划步道。"巴黎海滩"和河岸快速路表明，城市空间的步行和休闲功能同商业、机动车交通和工业之间存在着紧张的关系，而这种紧张关系是河滩生来就具有的。

巴黎作为河流港口的历史地位意味着塞纳河两岸及其码头——包括河上桥梁乃至河边道路——在巴黎生活中占据的重要地位。码头最初是作为港口基础设施建设的。但后来轮船开到巴黎之外塞纳河上下游，它们便有了新的用途和文化意义。很多巴黎著名的居住和办公场所都曾建在码头上。例如那些围绕着圣路易岛、卢浮宫码头、奥赛码头（外交部码头）和金银器商人码头（巴黎警局码头）等的建筑物。19世纪，码头发展成为较低的河滩码头和较高的码头。最靠近河水的河滩码头用作商业和交通运输，而地势较高经过砌筑的码头则成为人行道和零售商业的场所。过去几十年间，游客们熟知靠近西岱岛的巴黎市中心的码头和其他一些地方的码头，原因是那里有著名的精致书店，他们售卖从小摊商铺里淘来的二手书和其他出版物。有一处河滩码头直到2016年还是一条快速路，它以已故总统蓬皮杜的名字命名。蓬皮杜总统将这些具有历史意义的文化和商业区域开放给车流密集的交通使用，引发了争议。

3秒钟人物传记
乔治·蓬皮杜
1911 — 1974
1962—1969年任戴高乐总统的总理。1969—1974年任法国总统。他加速了巴黎交通基础设施的现代化。

安妮·伊达尔戈
1959 —
法国社会党人，巴黎市长（2014—），她采取措施提升了巴黎的环境。

本文作者
休·唐赛

塞纳河沿岸是情侣、"书虫"，还有夏天日光浴者的天堂。

布洛涅森林

30秒钟游览

3分钟扩展

造价高达1.43亿美元的路易·威登基金会大楼是由建筑师弗兰克·盖里设计的。它的形状是一艘船扬起的风帆，于2014年向公众开放。该建筑有两层，采用模制玻璃和混凝土结构，拥有11个大小不等的展厅。设计时采用了专门的三维设计软件。2016—2017年间，它的外观发生了巨大的改变，概念艺术家丹尼尔·布伦在12块玻璃面板的风帆基础上增加了透明的小格子，使之戏剧性转变为色彩缤纷的棋盘模样。

布洛涅森林过去曾是皇家狩猎场，在隆尚行宫所在地，如今的跑马场处有一家修道院。作为强盗和犯罪分子的藏身之地，布洛涅森林对游客来说也是出了名的危险。布洛涅森林一直都被人们遗忘，直至1858年第二帝国的豪斯曼男爵重建巴黎时，将其打造成一个景观公园。拿破仑三世对伦敦的绿色空间尤其是海德公园非常之喜爱，受此启发，工程师让-夏尔·阿尔方增设了95千米（60英里）长弯弯曲曲的大小道路，种植了40万棵树木，并布置了无数的花坛，还修建了一高一低相互联通的两个小湖。阿尔方将布洛涅森林变成一个地势有起伏，斜坡、洞穴和岛屿布置有致的理想景观，让它成为巴黎人喜爱的玩耍之地和其他城市公园的典范。布洛涅森林的一个主要景点便是"巴黎古典游乐园"。该游乐园曾经拥有一个小型的动物园和一个植物园，现在则是孩子们的娱乐场。游乐园旁是路易·威登基金会大楼，这是一座外观时尚的艺术博物馆。如今，布洛涅森林与体育运动，尤其是同网球和赛马紧密联系在一起。每年5月，法国网球公开赛在罗兰·加洛斯体育场举行，而每年10月，欧洲最负盛名的赛马活动凯旋门大赛就在隆尚行宫举行。

3秒钟人物传记

让-夏尔·阿尔方
1817—1891
法兰西第二帝国杰出的土木工程师和景观建筑师。1853年，作为巴黎改造项目的一部分，豪斯曼男爵指派阿尔方负责重新设计巴黎的公园、大道和花园。

安德烈·法布尔
首席障碍赛骑师，后成为冠军教练，7次赢得凯旋门大赛。

本文作者

尼吉尔·里奇

风景优美的布洛涅公园里，有一处网球场，还有赛马跑道。

文森森林

30秒钟游览

相关主题
布洛涅森林　48页
蒙梭公园和蒙苏里公园　56页
人物介绍：乔治-尤金·豪斯曼　99页

3秒钟概览
作为巴黎最大的公园，文森森林服务人口稠密的东部地区。它是法兰西第二帝国期间由豪斯曼男爵设计的。

3分钟扩展
文森森林于1907年举办了首届巴黎殖民地博览会，并于1931年举行了一届更富争议性的博览会。这次博览会以利奥泰元帅提出的自由国际主义为目标，试图避免受到对欧洲至上主义的指责，然而最终沦落为主要展现法国皇室的富有和多元性。不过博览会还是受到了极大的欢迎，还使用了专为博览会建造的巴黎地铁延伸工程，吸引了800万游客。

与布洛涅森林和蒙梭公园一样，文森森林曾是一座中世纪城堡旁的皇家狩猎场。该公园最初于1731年由路易十五向公众开放，园内有纪念金字塔等古老的王朝纪念建筑。1855年拿破仑三世将此公园指定为公共公园，旨在服务工人阶级居住的巴黎东部地区。该公园的建筑多数是第二帝国时期的建筑，由让-夏尔·阿尔方设计，于1865年完工。公园有四个小湖，宽阔的道路，广袤的森林，一处赛道和一个植物园，占地面积995公顷（约2500英亩），为巴黎总面积的1/10。公园还有一处城市动物园，曾于1931年在殖民地博览会期间用于展示野生动物，其中有一块给山羊用的高达65米（213英尺）的人工岩体。这个动物园模仿了匠心独具的德国汉堡哈根贝克动物园，拥有更接近自然的环境，动物和游客之间用河沟而非栏杆和笼子分隔开，因此在很大程度上取代了巴黎植物园里的动物园。每年的王座游乐嘉年华市集让文森森林更受人们欢迎。王座游乐嘉年华在1964年搬离位于市区的文森大街，卡图什里大剧院于1970年由阿里亚娜·姆努什金宣布揭幕。

3秒钟人物传记
于贝尔·利奥特依
1854—1934
法国将军，曾任法国在印度和马达加斯加殖民地当局负责人、法国在摩洛哥殖民地当局将军。在摩洛哥获得现代化改革者声誉。

阿里亚娜·姆努什金
法国戏剧和电影导演，于1964年成立了集体性质的太阳剧社。2009年获得国际易卜生奖，是唯一一曾获得该奖项的女性。

本文作者
尼古拉斯·赫威特

文森森林对巴黎居民来说，是一个受人们欢迎的"城市绿肺"。

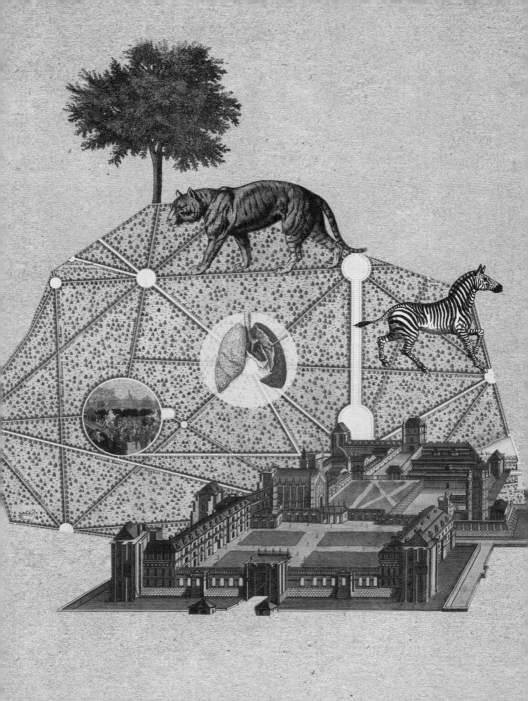

1840年11月12日
出生于巴黎

1854—1857年
在波提特设计学校（小学院）学习素描和油画，三次未能通过知名艺术大学校的入学考试

1863年
在医学大学校学习解剖课程，学习动物雕塑家安东尼-路易斯·巴尔易的课程

1864年
未完成的作品《塌鼻男人》被"巴黎沙龙"艺术展拒绝展出。罗丹后来说，这是自己未来作品的模板。遇到了一生的伴侣罗斯·伯雷

1864—1870年
为艺术物品商人阿尔伯特-欧内斯特·卡里尔-贝勒尤工作。为一些戏剧制作带状的装饰物

1871年
搬到布鲁塞尔同卡里尔-贝勒尤工作，两人后来合作为塞弗勒瓷器制作装饰物

1875年
访问意大利，研究多纳泰罗和米开朗基罗的作品

1877年
在巴黎展览馆展示"青铜时代"（最初叫作"消失之物"）的石膏版本。巴黎展览馆评审委员会以过于逼真（有可能是真人倒模）的理由拒绝了该作品

1880—1917年
获得第一项工作委托，为规划中的装饰博物馆设计"地狱之门"

1883年
遇到了18岁的卡米耶·克劳德尔，后者成为罗丹的"缪斯"（女神）、合作伙伴及15年的情人，同时也是一名雕塑家

1885年
获得委托创作《加莱义民》，于1895年完成该作品

1889年
受委托为先贤祠创作维克多·雨果纪念碑。受邀成为巴黎"沙龙"展评审委员会成员

1891年
受委托创作《巴尔扎克纪念碑》（1895年），他花了四年时间进行构思，但被巴尔扎克学会以"未完成"的理由拒绝

1895年
搬到位于法兰西岛的默东

1900年
获得国际声誉，在世界博览会上展出150件作品

1908年
搬到位于巴黎第7区的拜伦别墅，该别墅被国家购买后成为罗丹博物馆

1917年11月17日
在默东去世

人物介绍：奥古斯特·罗丹

AUGUSTE RODIN

罗丹是现代主义的先驱，他重新发现人脸和身体是一种强有力的表现形式，这使得他成为19世纪最著名和最具创造性的雕塑家，尽管他在一生中也常常受到批评。

罗丹出生在巴黎一个工人阶级聚居的地区。他刚开始自己的艺术职业生涯时，是作为商业工作室的磨具师和工匠。他个人的职业生涯直到他35岁左右才开始，1877年，他展出了"青铜时代"。该作品一开始被巴黎"沙龙"展拒绝，因为它精确的比例和动态是如此惟妙惟肖，以至于一位评论家认为罗丹是直接用人体倒模法来制作模子的。但这尊非凡的独立式雕塑还是成为罗丹职业生涯的转折点，让他有了第一个公开的工作委托和自己的工作室。事实上，罗丹更多是一个塑形者而非雕刻者，他喜欢黏土更甚于大理石。尽管他与米开朗基罗存在着形式上的不同，但罗丹对解剖的不可思议的直觉还是让人们常常将这两个人相提并论。

1880—1917年，罗丹接受委托创作"地狱之门"。这是一组由186个形象组成的大型雕塑群，但并未完成。他从洛伦佐·吉贝尔蒂的"佛罗伦萨洗礼堂的第三道大门"（1452年，天堂之门）获得灵感，并采用了但丁《神曲》"地狱"一部分的场景。该雕塑群最早是为一家新建的装饰艺术博物馆创作的。罗丹很多最为人们所知的作品，如《思想者》（1904年）和《吻》（1887年），都是在这个后来被取消的工作委托的基础上，将副产品升级完善而得到的。

罗丹有强迫症似地对生活进行素描，常常从不同角度来记录同一个姿势。这些素描然后就变成了黏土模型和石膏模型，构成了青铜塑像和大理石雕像的基础。这些素描也使他能在其他作品中反复利用相同的姿势。罗丹的两个重要的创作主题是人的感官享受和男性天才的孤独痛苦，其大部分作品试图传达这两种主题中的一个，如《达娜伊德》（1889年）和《巴尔扎克纪念碑》（1895年）。后者因"未完成"而遭拒绝，但现在却被认为是罗丹最受好评的作品。

在他45岁左右时，罗丹已经经营了一个非常成功的工作室，雇用了浇铸工和雕刻工，其著名的助手包括卡米耶·克劳德尔和安东尼·布尔德尔。工作室还有铸造车间将罗丹的模型变成成品。罗丹希望广泛传播自己的作品，于是便有了300多尊《吻》的复制品，很快使得该作品成为"欲望"的经典形象，尽管罗丹本人认为这只不过是"用常规模式做出来的小玩意儿"。

尼吉尔·里奇

卢森堡花园

30秒钟游览

3秒钟概览

卢森堡花园是拉丁区的"绿肺",是寻找安静场所的巴黎人和游客们喜欢去的地方。

3分钟扩展

1610年亨利四世被刺杀后,他的王后玛丽·德·美第奇雇佣建筑师所罗门·德·布雷,模仿其家乡佛罗伦萨的皮蒂宫建造卢森堡宫。该项目于1625年完工,但她只享受了五年,就因干预国事被儿子路易十三流放。让人伤心的是,最早的内饰或请人创作的画作现今都未能留存,包括由彼得·保罗·鲁本斯根据她的生活绘制的"24景图"(《玛丽·德·美第奇的一生》)。该系列画作现存于卢浮宫。

卢森堡花园和卢森堡宫是17世纪早期为亨利四世的遗孀玛丽·德·美第奇建造的。花园以文艺复兴时期形式上的风格和"英格兰"风格理念为基础进行模仿,由雅克·布瓦索和托马索·弗兰奇尼设计,其边界曾一度远至拉斯帕伊大街,后来豪斯曼男爵进行了"干预",将其一角切去。现在,卢森堡花园的面积稍小了一些,为23公顷(57英亩),其上布置有绿树成行的小路、对称的花坛,以及从花园中部八角形水池向外辐射的阶地。卢森堡花园经年累月已经容纳超过100尊雕塑,它们是从19世纪30年代遗留下来的文物。还有果林、橘园、演奏台、木偶剧院和艺术画廊。画廊展出18世纪50年代到80年代间的皇室收藏,以及后来的印象派艺术作品。卢森堡花园还是巴黎非常时尚的第6区核心地带里一个安静而远离尘世的天堂,家庭、闲逛者还有学生们喜欢在这里漫步、阅读、野餐、谈恋爱、晒日光浴、下象棋和划模型船。让-雅克·卢梭、杰拉尔·德·奈瓦尔、欧内斯特·海明威等作家都在这里找到了灵感。玛丽·德·美第奇于1630年遭流放后,卢森堡宫被不同的皇室成员使用,后来在法国大革命时期成为监狱和五人委员会所在地,在这之后就成了参议院所在地。

相关主题

拉丁区　　34页
人物介绍:乔治-尤金·豪斯曼　99页

3秒钟人物传记

所罗门·德·布雷
1565 — 1626
建筑师,设计了卢森堡宫(1615—1625年)和路易十三的狩猎行宫(1624—1626年)。狩猎行宫后来成为路易十四的凡尔赛宫。

玛丽·德·美第奇
1573 — 1642
出生于佛罗伦萨,非常富有,是亨利四世的第二位妻子。在丈夫被刺杀后,她摄政直至儿子路易十三亲政。

本文作者

尼吉尔·里奇

卢森堡花园和其巴洛克风格的宫殿是文学作品中很多场景的发生地,尤其以小说家维克多·雨果和亨利·缪尔热的作品最为著名。

蒙梭公园和蒙苏里公园

30秒钟游览

3秒钟概览

这两个花园分别服务于巴黎西部富裕的"上层社区"和南部工人阶级居住的区域，是19世纪规划政策的重要典范。

3分钟扩展

在19世纪30年代至40年代流放伦敦期间，路易-拿破仑深受伦敦公园的影响。他命令豪斯曼在城市所有的主要地点（布洛涅森林、贝尔维尔的舒蒙峰和文森森林）修建类似的公共空间。这些公共空间分布于巴黎各区并同作为补充的小型公共广场以及新建的林荫大道和旧有且更加正式的公共空间（杜伊勒里宫、战神广场和卢森堡花园）一道，缓解了巴黎这座人口过多的城市里过度拥挤和不健康的环境。

蒙梭公园位于皇家猎场行宫的旧址，18世纪初建造时，奥尔良公爵路易·菲利普二世将该公园设计为"英式"公园，公园里点缀着异国情调的纪念碑和一个小湖。该公园在1793年被共和国收归国有，在第二帝国期间是左拉笔下《贪欲的角逐》中奢侈地产投机的对象，而公园就紧邻着一幢幢大豪宅。最初的建筑设计有些古怪，与其一起留下来的部分，在1861年被让-夏尔·阿尔方重新设计为一个为周边富人区服务的公园。1871年，数百名巴黎公社社员被屠杀并埋葬于此处，这是一件不光彩的事情。蒙苏里公园也是1868年由阿尔方在一处过去的大理石采石场的基础上建造的。这个公园位于人口稠密的阿雷西亚区和城市边界，跨越巴黎最大的水库，其上铁路纵横交错，包括现在已不再运行的巴黎小环线和区域快速铁路B线。公园的景观设计富有想象力，拥有一处装饰性质的湖泊，栽种了大量的树木，并设置了一处天气观测站。该观测站模仿了1867年世界博览会上突尼斯的巴尔多宫。巴黎南部的人们常常造访这个公园，住在大学城的学生们也常来这里。大学城位于茹尔丹大道，于20世纪20年代建成，目的是培养人们对世界的认识。

相关主题

贝尔维尔　　32页
布洛涅森林　48页
文森森林　　50页

3秒钟人物传记

奥尔良公爵路易·菲利普二世
1747—1793
路易十六的堂兄弟，一开始就同大革命"站"在一起，使用"平等的菲利普"的称号，但这仍未在"恐怖时期"救他一命。

路易-拿破仑
1808—1873
拿破仑三世皇帝（1852—1870年在位）。他在19世纪三四十年代流亡期间受到伦敦的影响，掌权后在巴黎重建中模仿建造了伦敦的公园。

本文作者

尼古拉斯·赫威特

蒙梭公园和蒙苏里公园是由让-夏尔·阿尔方设计的。他在第二帝国时期规划了巴黎的大部分公园。

AVENUE
FERDOUSI

巴黎植物园

30秒钟游览

巴黎植物园最早建于1626年，当时是皇家草药园，位于巴黎第5区，塞纳河左岸，占地面积24公顷（59英亩）。植物园里有一个动物园，曾经是皇家动物园，于1794年开园。在巴黎被敌人"围城"和法国大革命期间，这个动物园的动物常常成为巴黎人的食物。后来成为布冯伯爵的乔治·路易·勒克勒尔克于1739年被任命为该园的负责人。他对园区进行了改造，将其扩建成为科学研究中心，其边缘还有一座自然历史博物馆。布冯在植物园负责人的位置上工作了50年，通过出版其一生的研究成果即36卷《自然史》一书，大大提升了现代自然科学知识。四个大型的温室展示着来自全世界不同气候区域的不同植物，深受法兰西帝国的影响。外来物种吸引了后印象派画家亨利·卢梭的注意，他最著名的画作受到巴黎植物园之行的影响，都表现的是森林场景。而自然历史博物馆仍将是重要的科研场所，同时还是主要的游客参观地。

3秒钟概览
巴黎植物园一开始是皇家草药园。它所在的区域同植物和动物研究有着长久的关系。在这个区域里，它就是枝叶繁盛的植物王国。

3分钟扩展
植物园位于塞纳河左岸一角。巴黎大清真寺靠近巴黎植物园，它是法国最早的大清真寺，建于1926年。第二次世界大战期间，巴黎大清真寺庇护了大量北非犹太人免受纳粹迫害。阿拉伯世界研究中心于1987年成立，旨在巩固法国和中东国家的关系。

相关主题
布朗利码头博物馆
118页

3秒钟人物传记
乔治·路易·勒克勒尔克
1707—1788
法国博物学家，其百科全书式的《自然史》一书为达尔文的工作奠定了基础。

埃蒂安·杰弗里·圣希莱尔
1772—1844
法国自然历史博物馆的第一位动物学教授。他根据动物的脊椎形态发明了分类系统。

让·努维尔
建筑师，因设计阿拉伯世界研究中心而获得阿迦·汗建筑奖。

本文作者
尼娜·瓦尔德勒沃斯

巴黎植物园的温室中收藏着许多重要的植物。

战神广场

30秒钟游览

3秒钟概览
紧挨着埃菲尔铁塔的战神广场，现在是让人心旷神怡的公园，而过去曾是练兵场。它见证了法国大革命时期巴黎最好和最坏的日子。

3分钟扩展
人群曾多次聚集在战神广场期待更美好的未来。1783年8月，气球驾驶的先驱罗伯特兄弟成功地从战神广场升起第一个无人控制的氢气球，兴奋的观众欢声雷动。最近一次则是雕塑家克拉拉·哈尔特和建筑师让-米歇尔·威尔莫特让乌托邦式的观点在军事大学校前的"和平之墙"得到了表达。

1847年，法国共和主义历史学家儒勒·米什莱在《法国大革命史》中讲到参观战神广场时，曾热烈地写道，"这里住着一尊神！"1753年路易十五成立军事大学校，由昂热-雅克·加布里埃尔建设，这片位于塞纳河左岸大草地东南角的区域就得以开放了，自此用作军事训练。但米什莱提到的神，指的是法国大革命的精神，而非罗马战神玛尔斯，尽管这片训练场的名字源自罗马战神广场。1790年7月14日，正是在战神广场上，举行了最伟大的革命节日之一，即联盟节。来自法国各地的战士、议员、普通公民乃至国王聚集一堂，向新宪法效忠。这样博爱的场景在次年并未重现。1791年7月17日，示威者聚集在战神广场，要求路易十六下台，其后被处死。到了19世纪，战神广场成为一处休闲场所，用于赛马和举行世界性展会。埃菲尔铁塔是为纪念法国大革命100周年的1889年世界博览会专门建造的，最初只是一座临时建筑。

相关主题
法国大革命和"恐怖时期"　8页
美好年代　12页
荣军院　94页

3秒钟人物传记
昂热-雅克·加布里埃尔
1698－1782
以帕拉第奥式风格闻名的建筑师，是路易十五时期很多大型建设项目的首席建筑师。

古斯塔夫·埃菲尔
1832－1923
1866年成立了一家工程公司，承接了多项大型铁路工程，后来中标承建1889年世界博览会核心项目即埃菲尔铁塔并名垂千古。

本文作者
艾玛·比乐基

战神广场最开始是练兵场，如今则是在埃菲尔铁塔附近野餐的绝佳之地。

拉雪兹神父公墓

30秒钟游览

相关主题
蒙帕纳斯　24页
圣德尼　130页

3秒钟概览
辐射式向外延伸的拉雪兹神父公墓看上去像个公园。它最早叫作东区公墓，占据了巴黎第20区很大一片区域。

3分钟扩展
奥斯卡·王尔德、弗里德里克·肖邦、马尔塞·普鲁斯特、奥诺雷·德·巴尔扎克、尤金·德拉克洛瓦、伊迪丝·琵雅芙以及最值得一提的美国诗人和歌手吉姆·莫里森，他们只是安葬在巴黎市中心最大公墓中众多名人中的少数而已。1963年，天主教廷取消了过去对火葬的禁令，于是该公墓"华丽"的火葬场便埋葬了更多人的骨灰。

在巴黎其他地方，人们是不可能找出这般浩若星汉的法国和世界著名人士的。拉雪兹神父公墓安葬的人中，很多是艺术家、音乐家、雕塑家和作家，他们的名字和声誉长期以来吸引了其他那些等得起也付得起钱的人来此长眠。拉雪兹神父公墓是巴黎市中心最大的公墓，它以路易十四的神父弗朗索瓦·德·拉雪兹的名字命名。同位于蒙帕纳斯和蒙马特的公墓一样，这座公墓最初设计于19世纪早期，属于取代巴黎几十处小型教堂墓地的一个大项目的一部分，这些小型墓地过分拥挤，味道难闻，有传播疾病的风险。该墓地经过大规模扩建，现在的面积是其最初面积的两倍有余，看上去像是一个宏伟的公园，每年吸引超过100万名到访者。公墓中据说有7万余个墓地，它们差别很大，分布在大小不一的地块中，这些地块由板石路连接，掩映在5000多棵树木中。不少墓地都有一百年以上的历史。一些墓地除了有花装扮，还有人们留下的刻字，有些墓地甚至被人亲吻和抚摸而出现了损坏。在公墓的东侧，屹立着巴黎公社社员墙，纪念在1871年被杀害和扔进墓坑的147位公社社员，社员墙俯瞰着许多法国政界和文化界左翼名人的埋葬之所。

3秒钟人物传记
伊迪丝·琵雅芙
1915—1963
一位高产的歌舞餐厅表演者和酒吧歌手，在法国和世界其他国家尤其是美国很受欢迎。

吉姆·莫里森
1943—1971
美国诗人和歌手，是摇滚乐队"大门乐队"创始成员，被歌迷崇拜。

本文作者
约翰·弗劳尔

拉雪兹神父公墓以众多有名墓主人闻名，墓主人有的万世流芳，有的遗臭万年。它是西欧最多彩、最唤起人们感情以及来访者最多的墓地之一。

共和国广场

30秒钟游览

2011—2013年间共和国广场进行了整修，从"汽车"手中"夺回"了其超过三分之二的面积，作为休闲和集会场地，这让广场的功能焕然一新，还彻底解决了可以追溯至第二帝国时期（1853—1870年）巴黎改造项目遗留的交通问题。从19世纪50年代起，豪斯曼就对狭小的水堡广场进行了翻修。"水堡"得名于皮埃尔-西蒙·吉拉尔的喷泉，该喷泉自1811年来就在广场占据着重要位置。豪斯曼绕过汤普乐大街（庙宇大街）的各个剧院，在新建的马涅塔大街、伏尔泰大街和图尔比戈大街的交汇处建造了一个规模更大的广场。一处军营还被战略性地布置在这里，以镇压在传统工人阶级居住的"危险"区里发生的政治暴动。广场于1879年被重新命名为共和国广场。1883年起，利奥波德·莫里斯和夏尔·莫里斯兄弟俩设计建造的壮观的共和国纪念碑和雄伟的玛丽安娜雕像就俯视着共和国广场。广场长期以来都是群众示威的具有象征意义集合点。1968年"五月风暴"期间，共和国广场成了塞纳河右岸学生示威游行活动的少数爆发点之一。改造后的广场为行人提供了方便，进一步坐实了广场适宜开展大规模集会的特点。这些大型集会包括2015年为《查理周刊》恐怖袭击受害者举行的活动，以及2016年3月反对劳工法改革的"黑夜站立"示威活动。

3秒钟人物传记
艾米·米尔斯·达卢
1838—1902
著名雕塑家，他的作品《共和国的胜利》最初计划要摆放在共和国广场，但在竞争中败给了莫里斯兄弟的作品。现坐落于民族广场。

富尔强思·彼安维纽
1852—1936
贝尔维尔索道工程师，还监督了巴黎地铁施工。

本文作者
尼亚姆·思文尼

玛丽安娜雕像俯瞰着新翻修过的共和国广场，这里长期以来都是社会抗议的集合点。

市场

市场
词汇表

新艺术（Art Nouveau） 一种艺术和建筑形式，出现在19世纪晚期、20世纪初期，与更早的传统艺术形式相对。特征为色彩和流动形式的使用，通常受到自然世界的启发。吉马德设计的巴黎地铁站入口就是新艺术的例子。

美好年代（Belle Époque） 在法国通常认为起于1890年左右，终于1914年，以巴黎为中心，是政治、社会运动、技术和各种形式的艺术活动方面大变革的时期，同时也是欧洲的一种"现象"。因第一次世界大战爆发而突然中止，后来如此命名以怀念这段已经消失的黄金岁月。

银版照相法（daquerreotype） 镀银铜片暴露在光线后在其上显现出照片影像。路易·达盖尔一开始同另一名法国发明家约瑟夫·尼埃普斯合作，后者于19世纪20年代发明了银版照相法技术。尼埃普斯去世后，达盖尔继续进行试验，并于1839年公开了此项技术。为纪念他，巴黎第14区的达盖尔大街以其名字命名。最初的银版照相作品如今售价不菲。

省（départements） 有数字编号的土地区划，由政府任命的省长领导管理。省首先在法国本土建立，后对殖民地和海外属地也进行了编号。2016年起进行的区域重组意味着原有的96个省将失去某些行政权力。

世纪末（fin de siècle） 尽管这个短语字面上的意思是世纪之末，但通常还会包含下一世纪的头几年。在法国，"世纪末"通常是指19世纪末和20世纪初，通常认为这一时期的特点是动荡和衰落。

浪荡子（flâneur） 从字面上是指一个男性的流浪者或无所事事的人。从19世纪中叶起，因豪斯曼对巴黎进行改造，这个词的描述对象进一步"拓展"至具有观察力和好奇心的人。浪荡子还被视为"局外人"，并成为巴黎生活方式与众不同的象征。

大道（grands boulevards） 主要的大道是在不同时期建造的，其目的是扩展城市中心，为休闲娱乐提供空间。从18世纪末起，大道成为很多受人欢迎的剧院的所在地。虽然也有其他的大道存在，但正式说来，只有四条大道，即坦普尔大道、蒙马特大道、玛德琳大道和博马舍大道，它们都穿过巴黎的数个区。

平版印刷（lithographic techniques）
最早发明于18世纪末期，是一种使用光滑的石板或金属板的廉价印刷技术，从19世纪中期起，在法国流行起来，而彩色印刷也逐步引入到该项技术中来。

跳蚤市场（marché auxpuces） 被认为出现于19世纪后半叶，特指"带跳蚤"的旧衣服市场。英语中"跳蚤市场"（flea market）被认为是直接从法语中照搬而来的，它在20世纪20年代被首次使用。

新潮流（Nouvelle Vogue） 指20世纪50年代晚期和60年代、不同于传统电影制作方式的"新形式"。导演们关注于社会和政治议题，这些议题常常反映当代事件。导演们用电影表达对这些事件的个人理解和意识形态立场。他们也使用手持摄像机等新技术，进行现场拍摄，通常光线条件并不好。主要的代表人物有弗朗索瓦·特吕弗、埃里克·罗麦尔、让-吕克·戈达尔和阿涅斯·瓦尔达。

超现实主义（Surrealists） 一种艺术、文化和知识运动，始于20世纪20年代。这种艺术形式从精神上讲是革命性的，随着第二次世界大战爆发影响力减弱。安德烈·布勒东（1896—1966）是该运动事实上的领袖人物，他于1924年发布了超现实主义的第一篇宣言。

旧货（清仓）集市（vide-greniers） 通常是家里不需要的物件被拿到街上临时租赁的区域里售卖。更有组织、质量也更好的售卖形式则叫作旧货市场。

跳蚤市场

30秒钟游览

3秒钟概览

巴黎的跳蚤市场里满是高档二手珍品和古董，有书籍、家具、陶瓷、艺术品和服装，是一年到头都能看到的特色。去圣图安和梵维斯跳蚤市场吧，可以给你时光旅行的体验。

3分钟扩展

"风景如画"的跳蚤市场里隐藏着宝贝。1989的一个早晨，旧照片专家马尔克·帕纽克斯正在梵维斯跳蚤市场的街道上漫不经心地走着。他用难以置信的低价买到了一幅休埃先生的黑白照片。这张照片是人们曾拍摄的最古老的肖像，照片背面有路易·达盖尔本人在1837年的签名。

周末来了，一些巴黎人在第一缕晨光来临时就醒了，因为位于巴黎北部郊区圣图安的克里尼昂古尔跳蚤市场最好的买卖就出现在大清早。这一天的晚些时候，成千上万的游客会在这片巨大的集市里逛来逛去，到处都是小货摊，而古怪和老旧的物件随处可见。圣图安跳蚤市场占地面积7公顷（17英亩），是世界上同类市场中最大的，自1885年起就是提供包含风味餐饮和娱乐在内一整套体验的场所。著名的罗西耶大街（玫瑰街）是诱惑人们到访的"迷宫"中心，它随机地指向出售玩具、古照相机的马拉西斯市场，出售复古家具、陶瓷的"太子妃"市场和出售贵重照明设备和罕见物件的拜伦市场。请注意，大多数摊贩都是狡猾的老手，而非偶尔来卖东西的二道贩子。对于后者，位于巴黎第14区的跳蚤市场大杂烩可能更值得推荐，在马尔克·桑尼耶大街和乔治·拉弗斯特大街间"仅仅"分布着400位商贩。请留心那些投机者，他们要么售卖假冒的奢侈品牌，要么引诱路人公众聚赌，用硬纸板当牌桌，玩叫做"邦尼托"（猜牌）的欺诈游戏。当警察到来时，他们和纸板桌就随时消失在拥挤的人群中。

相关主题

达盖尔大街　76页

3秒钟人物传记

尤金·蒲蓓尔
1831—1907
城市监管者。1884年他强制性地在巴黎设置垃圾箱（他的名字后来成为垃圾箱的代名词），并卫生原因将二手市场驱赶到郊区。

姜戈·莱茵哈特
1910—1953
爵士乐吉他手，虽然左手两只手指残疾，但仍以其"吉卜赛爵士"技巧而闻名，偶尔在圣图安的小酒馆中演出。

威斯敏斯特公爵
1951—2016
杰拉尔德·卡文迪许·格罗夫纳，第六代威斯敏斯特公爵，拥有圣图安市场最著名的两个古董商铺。

本文作者

路易斯·德·米兰达

巴黎的跳蚤市场仍然相当受某些人欢迎，那些人希望捡到便宜货或者发现真正的宝贝。

de votre ravissant poisson
— Merci de votre bon
— Très point de carte Noir

乔治·巴桑公园

30秒钟游览

3秒钟概览

乔治·巴桑公园所在地曾经是屠宰场和市场，是巴黎市中心成功改造的主要典范。

3分钟扩展

1985年，时任巴黎市长的雅克·希拉克为巴桑公园揭幕并命名。该公园深受各年龄层人们的欢迎，很多人都来自巴黎第15区以外的地方。已修复的巴黎"小环线"铁路的部分区段让人们可以从巴桑公园步行到安德烈·雪铁龙公园。公园传承过去的另一个功能即酿制葡萄酒。公园中的葡萄树出产的少量葡萄酒，通过在区政府大厅公开拍卖进行出售，所获得的收入用于区内的社会项目。

乔治·巴桑公园以诗人和歌手乔治·巴桑的命名名字。乔治·巴桑就在公园所在的巴黎第15区居住，他的塑像如今亲切地俯视着公园。公园已经成为不少媒体明星钟爱的周末活动场地。公园所在的位置，曾是巴黎最大的马匹市场和屠宰场——沃吉拉尔屠宰场。该屠宰场于1975年关闭，以应对本地居民对噪声和气味的投诉。公园的入口处有一对铜公牛，一个雕刻的马头和扛着一大块肉的屠夫雕像，提醒着人们公园过去那血腥的历史。从1987年起，每逢周末，在钢结构的肉类交易厅内部，一处铺有鹅卵石的区域便成了巴黎最大也是最好的二手书市场之一。更远一些，有景观的场地是现在的花园，分布着纵横交错的道路，可以划船的湖泊，成千上万的树木和灌木，以及养蜂区（有蜜蜂养殖和蜂蜜销售的指示牌）、大型的药用植物花圃、孩子的游乐区、学校和供长者使用的设施。而在18世纪末以前，这里被大面积的"佩里卓"葡萄园覆盖着，现在也仍然种植着葡萄。

3秒钟人物传记

乔治·巴桑
1921—1981
流行歌手，为很多自己和他人的诗篇谱曲，并用吉他伴奏。

本文作者

约翰·弗劳尔

位于巴黎第15区的乔治·巴桑公园比卢森堡花园、蒙梭公园或蒙苏里公园要小一些，但它仍是巴黎最受欢迎的公园之一。

1864年11月24日
出生在法国西南部塔恩的阿尔比，是贵族家庭图卢兹-洛特雷克伯爵夫妇的第一个孩子

1882年
同母亲搬到巴黎，住在巴黎市郊圣奥诺雷，在莱昂·博纳和费尔南·科尔蒙指导下学习绘画

1884年
搬到位于蒙马特勒比克大街的工作室

1886年
在科尔蒙的工作室遇到梵高

1887年
在巴黎和布鲁塞尔举办了第一次画展

1891年
为红磨坊制作了第一次广告（海报）

1896年
同纳比派画家皮埃尔·博纳尔和爱德华·维亚尔一道，为雅里喧闹放纵的五幕喜剧《乌布王》绘制幕布。12月9日举行的带妆公开彩排是该季主要的社会和艺术事件

1899年
由于酗酒和感染梅毒，健康状况急剧恶化，被软禁在巴黎郊区纳依的收容所

1901年9月9日
在位于法国西部吉伦特省的母亲住所马尔罗梅城堡去世。此前他离开巴黎时即病重，然后在阿尔卡雄附近的淘萨利班中风

人物介绍：亨利·德·图卢兹-洛特雷克

HENRI DE TOULOUSE-LAUTREC

1896年，洛特雷克同博纳尔和维亚尔一道设计和绘制了阿尔弗雷德·雅里的先锋话剧《乌布王》的背景。该话剧在某种程度上模仿了《麦克白》，对19世纪晚期法国的独裁制度进行了讽刺。该剧的首次演出，是"美好年代"的一项重要文化事件。洛特雷克在这次首演后五年便早逝了。"美好年代"为现代主义产生、颠覆文化规则和传统做好了准备。尽管话剧得到褒贬不一但热烈的反响，但它仍被证明是洛特雷克职业生涯的高峰，洛特雷克的事业为他带来了全世界范围内既受欢迎又受批评的名声。

洛特雷克于1864年出生在法国西南部的阿尔比。他在童年和青春期总是健康状况不佳，可能是受家族近亲结婚的影响，他的下肢发育不良且变形。可能是由于无法进行体力活动，洛特雷克培养出了绘画的才能。1882年他一搬到巴黎便开始习画，师从当时主要的官方画家莱昂·博纳和费尔南·科尔蒙。这两位画家都在蒙马特工作，而此地也成为洛特雷克世界的中心。在他短暂的职业生涯中，他使自己成为"美好年代"里著名的商业艺术家和重要的画家，但他也逐渐受到酗酒和梅毒的摧残。

洛特雷克最以海报（招贴）画作品闻名。海报（招贴）画是他几乎独自发明并带向高峰的艺术形式，使用新型的平版印刷技术，这让他迅速闻名巴黎内外。他为娱乐明星阿里斯蒂德·布吕昂、简·阿芙里尔·伊维特·吉尔贝及他们供职的机构红磨坊、大使酒吧和日本咖啡馆制作的海报（招贴）画，都以胸有成竹的线条、对主题适度整洁的关注、当然加上对主要平色的使用为基础，这些都成为野兽画派的惯用手法。这些海报（招贴）画还受到当时巴黎流行的日本版画的影响，成为法国"新艺术"的高峰之一。

但与让其成名的海报（招贴）画一样重要的，是洛特雷克的素描和油画，它们不仅展示了他作为画家的超常能力，还揭示了他潜在的冷峻风格和玩世不恭的洞察力。毫无疑问，后者源自他的身体残疾和病痛，表现为不带感情但又偶尔残忍地观察"美好年代"的受害者们，如时尚杂志《ELLE》照片中的妓女或《医学检查》中等待检查的妓女们，又比如《鲁斯的画像》或《金色头盔》，以及《拉米咖啡馆中的潦倒客人》里的妓女们。洛特雷克将19世纪末巴黎的繁华和肮脏相结合，将技术创新和所引发的技巧迭代相结合，让他成为现代法国艺术最重要且最受欢迎的人物之一。

尼古拉斯·赫威特

达盖尔大街

30秒钟游览

巴黎有不少街头市场，而大多数区都有一些在一周里不同日子开放的市场。但即便有，也很少有同位于蒙帕纳斯达盖尔大街的街头市场一样色彩斑斓、欣欣向荣又有国际范儿。达盖尔大街位于勒克勒尔克大街和梅园大街之间，最初是一条简易的小路。1840年时，因一家幼儿园的原因，这条街被称作裴陂尼埃尔路，20年后又因纪念先锋摄影师路易·达盖尔而被重新命名。现在市场在位于勒克勒尔克大街和布拉尔街之间步行街的部分，有部分本来是有顶棚的，但20世纪90年代初一项建设项目使得该部分被拆除了。一些商店出售品质优良并被漂亮展示的农产品，现在它们与一些由相同家族世代经营的餐馆同在一片屋檐下。法国前总统密特朗定期会让他的司机来到这些餐馆中的某一家，取特别为他制作的三明治。此处向外朝向梅园大街的地方，有几家家具和手风琴修理店，一家相框店，几家理发店和眼镜店，还有电影导演阿涅斯·瓦尔达的工作室和住所。

3秒钟概览
巴黎的百余家街头市场中，达盖尔大街的市场是最小但也是最好的之一，吸引着吃货们。

3分钟扩展
1976年，阿涅斯·瓦尔达制作了一部名为《达盖尔市场》的纪录片，用达盖尔街的"一段"展现了其风貌。瓦尔达曾经在这里居住了50年。该纪录片对市场摊主们进行了近距离的拍摄，公映时人们认为它揭示了一种不再存在的生活方式。值得注意的是，该市场大部分都保留下来了，而达盖尔仍旧是一个真正的"村庄"。一些摊主的家族都联了姻，本地人则几十年都在此采购。

相关主题
蒙马特　26页

3秒钟人物传记
路易·达盖尔
1787—1851
同约瑟夫·尼埃普斯一道被认为发明了照相术，因发明达盖尔银版照相法而被人们记住。

阿涅斯·瓦尔达
"新潮流"运动中的著名电影导演，代表作有《五至七时的克莱奥》。

本文作者
约翰·弗劳尔

沿着达盖尔大街，给人带来欢乐的有餐馆、葡萄酒店、一家园艺店和一家蜂蜜专卖店。

玻璃拱廊

30秒钟游览

这些有玻璃顶的通道可追溯至18世纪90年代，尽管它们中的大多数是在19世纪初到19世纪50年代间建成的。建造这些拱廊的初衷是吸引行人进来消费，不受天气、噪声和街道灰尘的干扰，且专门用于特定的买卖，如书写材料和平版印刷。一些拱廊还有时髦的咖啡馆、餐厅、裁缝店、理发店甚至宾馆、浴室和招待室。拱廊用于连接两个或多个通道，于是就形成了整个城市里有遮蔽的步行路线。在拱廊最盛行的时期，有超过100处拱廊，几乎全部都位于塞纳河右岸，集中于巴黎四条大街和塞巴斯塔波尔大街附近，并延伸至巴黎证券交易所和卢浮宫。拱廊为私人所有，是最早得益于煤气照明的通道，引领了巴黎的现代化进程。大多数拱廊都因接踵而来的城市改造项目而被拆除，仅剩下25处，其中有最早的建于1799年的开罗拱廊街和建于1800年的全景廊街，还有后期建于1847年的维尔多廊街和建于1860年的王子拱廊街。拱廊的特点各异，分为时髦型（薇薇安拱廊街和维罗-多达特拱廊街）、简约型（舒瓦瑟尔拱廊街）、"小印度"享乐型（布雷迪拱廊街）和吸引眼球型（茹弗鲁瓦拱廊街里就有缪塞·格雷万的蜡像作品）。

3秒钟概览
早期的拱廊是现代购物中心的鼻祖，它们是贯通塞纳河右岸的秘密通道，也吸引着人们去逛商店和偶遇。

3分钟扩展
20世纪20年代，拱廊通过展示巴黎"每日之奇"吸引了超现实主义者。在这里各种奇怪的买卖不协调地共处着，而且容易受到城市逐利性变化的影响。路易·阿拉贡的《巴黎农民》（1926年）提到的歌剧院通道在1925年被拆除。继阿拉贡之后，瓦尔特·本雅明对《拱廊计划》（1927—1940年）的分析认为，拱廊吸引了公众，让巴黎成为"19世纪之都"。

相关主题
百货商店　　82页

3秒钟人物传记
夏尔·波德莱尔
1821 — 1867
诗人、艺术评论家，是19世纪中期对巴黎城市变化最敏锐的观察者之一。

瓦尔特·本雅明
1892 — 1940
德国籍犹太哲学家和文化理论家，最因《机械复制时代的艺术品》《夏尔·波德莱尔：发达资本主义时代的柔情诗人》及未完成的《拱廊计划》而闻名。

路易·阿拉贡
1897 — 1982
诗人、小说家和记者。

本文作者
尼古拉斯·赫威特

薇薇安拱廊街尽其所能，为波德莱尔这样的专业"闲逛者"提供了玻璃橱窗外可以闲逛的绝佳之地。

PHILATELIE
LA POSTALE
BISTRO
DES
PANORAMA
RESTAURANT
PHILATELIE
GALERIE VIVIENNE
INGERIE ET NOUVEAUTE

伦吉斯市场

30秒钟游览

3秒钟概览
伦吉斯国际市场是世界上最大的食品批发市场。

3分钟扩展
政治上活跃的小说家爱弥尔·左拉在其1873年的小说《巴黎之腹》中不可遏抑地将食物同对巴黎的想象交织在一起,场景便是巴黎第1区的雷阿勒市场。对左拉来说,建筑师维克多·巴尔塔德设计的铸铁和玻璃结构的市场以及当时正在出现的大规模食品行业是法兰西第二帝国时期城市现代化的代表。巴尔塔德从伦敦水晶宫那里得到了灵感,他的设计包含14个帐篷式交易区,耗资6000万法郎,成为遍及西方世界的室内市场的模板。

1969年,现代世界最大的新鲜食品市场,从有着800年历史、位于巴黎雷阿勒的场所搬到了伦吉斯,这是一项被形容为"世纪之迁"的大规模行动。伦吉斯位于巴黎南部6千米(4英里),自己就可成为一个独立的城市。它占地面积232公顷(573英亩),面积比摩纳哥公国还要大,员工人数超过1.2万人,每年采购超过169.8万吨的食物。尽管食物采购和销售形式都是批发,市场仍然每月两次向个人访客开放,每年吸引2万多名慕名前来的美食爱好者。市场于凌晨1点开市,中午之前闭市,而导游带领的旅游团则从凌晨4点半开始入场,此时市场已完全运作起来。访客可以探索分别出售鱼类、水果、蔬菜、禽类、鲜花、肉类和奶类的七个交易区。逛市场的人会有身处盛宴的感觉,他们会碰到出售各种精美食物的摊子,如奶饲乳牛肉、神户牛肉和经典的布雷斯鸡肉,还有许多国外来的食物,如鸵鸟、斑马和鳄鱼,以及更为传统的食物,如种类超过450种的奶酪和成车装载的单块重量为100千克(220磅)的奶酪。这种场景可不常见,于是伦吉斯便成了世界上最大的奶酪市场。

相关主题
蓬皮杜中心   114页

3秒钟人物传记
维克多·巴尔塔德
1805 — 1874
建筑师,以设计大雷阿勒而闻名,铸铁和玻璃结构的各交易区于1866年完工。除巴尔塔德交易区被拆除并移至诺让-上马尔纳作为文化遗产所在地并用作音乐厅外,其余交易区于**1971年**被拆除。

爱弥尔·左拉
1840 — 1902
法国小说家、记者和剧作家。以其"自然主义"的故事风格及在德雷福斯事件中"我控诉"的报纸文章而闻名。左拉在海军军官阿尔弗勒德·德雷福斯脱罪一事上起到了巨大的政治影响力。

本文作者
吉利安·杰恩

广阔的伦吉斯市场有着种类繁多的精美食物,是美食爱好者的天堂。

百货商店

30秒钟游览

百货商店出现在19世纪中期到晚期的巴黎，此时出现了现今仍然营业的标志性的大型百货商店，如1838年开业的"乐蓬马歇"、1856年开业的"BHV"、1865年开业的"巴黎春天"和1894年开业的"老佛爷"，后者目前是一家国际连锁商店。由于顾客可以在一家大型商店里买到他们想要或需要的所有商品，包括衣服、化妆品、香水和家用物品，而无须全城奔波于各个专业商店去购买不同种类的商品，于是这些大型商店就改变了购物方式。百货商店里，商品被摆放得非常诱人，并陈列在精致的橱窗里，主要是为了吸引以女性为主体的客户。1838年开业的"乐蓬马歇"被认为是第一家百货商店，它最早的名字是"乐购物"，它于1863年被阿里斯蒂德·布西科接手并得以扩建。代表巴黎"世界之都"文化身份的四家主要的大型百货商店在建筑上都非常显赫，包括拥有十层楼、采用"新艺术"流派彩色玻璃圆屋顶的"老佛爷"大厅，而"巴黎春天"茶室上方同样类型的屋顶还是官方认可的历史"纪念物"。它们都是现如今购物者和游客喜欢去的地方，可以媲美埃菲尔铁塔等巴黎其他历史景点。

3秒钟概览

在19世纪的头十年，巴黎的大型商店将零售行业转变成为一种艺术形式。今天，它们的建筑就像巴黎的其他"纪念碑"一样，是不能错过的。

3分钟扩展

爱弥尔·左拉在其1883年的小说《妇女乐园》中虚构了一家19世纪巴黎百货商店的内部工作状况。左拉小说中虚构的百货商店是以真实生活中的巴黎"乐蓬马歇"百货商店为原型的。左拉的小说《妇女乐园》被改编为多部电影，包括于连·杜维维埃1930年的默片电影《寂静》、安德烈·卡耶特1943年的电影《妇女乐园》和英国广播公司（BBC）2012—2013年的电视剧《天堂》，后者将故事发生地设定在英格兰北部。

3秒钟人物传记

阿里斯蒂德·布西科
1810—1877
法国企业家，被认为以开办"乐购物"发明了现代百货商店的概念。

爱弥尔·左拉
1840—1902
法国作家，其1883年的"自然主义"小说《妇女乐园》详细描绘了他所处时代的百货商店以及这些商店是如何使巴黎的小商店黯然失色的。

本文作者

马瑟琳·布洛克

豪斯曼对巴黎的改造，同19世纪下半叶大型百货商店的出现是密切相关的。

艺术和建筑

艺术和建筑
词汇表

历史之轴（*axe historique*） 一个几乎沿着直线用来观察建筑物和大街的视角，有时候也被称为"凯旋道"。始于卢浮宫庭院中的路易十四雕塑，终于拉德芳斯新凯旋门。

虚构怪物"奇美拉"（chimera） 巴黎圣母院大教堂上非常显著的哥特式建筑细节装饰，风格奇特，是由互相无关联动物的组成部分构成的形象，通常是由狮头、羊身和蛇尾组成。

省（*départements*） 有数字编号的土地区划，由政府任命的省长领导管理。省首先在法国本土建立，后对殖民地和海外属地也进行了编号。2016年起进行的区域重组意味着原有的96个省将失去某些行政权力。

启蒙运动（Enlightenment） 遍及欧洲的知识运动，于18世纪在法国兴盛，而18世纪又常被称为"光的世纪"。该运动受到理性信仰的推动，提倡宽容和自由，并挑战当时很多被人接受的价值观，这些价值观通常受到天主教会和政治上的支持。

飞扶壁（flying buttresses） 从字面上讲是抵消厚重墙体或屋顶向外推力的支撑物。飞扶壁是作为哥特式建筑的一种特征出现的，其表现形式为基础与墙体分离的拱形。

哥特式（Gothic） 在建筑学中，哥特式风格演化自12世纪的整个欧洲，表现在很多大小教堂上。从结构上讲，其显著的特征包括飞扶壁、尖拱、肋式窗。肋式窗让光线可以大量进入建筑物的内部。

密特朗大建设（*grands projets*） 在1982—1998年实施的建筑项目，通过建筑彰显巴黎在现代世界中的卓越地位。最早由瓦来里·吉斯卡尔·德·斯坦总统提出，后被弗朗索瓦·密特朗总统积极采纳并实施。代表性的项目包括位于巴士底的新歌剧院、位于贝尔西的财政部和位于拉德芳斯的新凯旋门。

文献法定收藏[legal deposit（*dépôtlégal*）] 法律规定，在法国出版的每种图书、部分文献和多媒体资料都须保存一份于法国国家图书馆。

现代主义（Modernism） 19世纪晚期，人们抛弃了所有被认为在快速改变和逐渐工业化的世界里不合适也不适用的传统和经典的艺术形式。在建筑领域，现代主义带来了实用型和功能型的建筑物（包括商业建筑和家用建筑），通常由砌块建成，大量使用钢筋和玻璃，漆成白色，少有或没有装饰。现代主义在法国的主要倡导者为夏尔-爱德华·让纳雷（1887—1965），他更为人们所知的名字是勒·柯布西耶。

西岱宫（Palas de la Cité） 位于西岱岛上，曾是6世纪至14世纪国王和贵族们的居住区，后来因王室更喜欢卢浮宫和温森城堡而主要成为行政中心。西岱宫由税务部长（又称为"蜡烛伯爵"）管理，此宫殿后被称为贡赛杰里宫（"巴黎古监狱"）。法国大革命时期，西岱宫被作为监狱使用。由于西岱宫及其附属宏伟的圣礼拜堂的特殊性，整个建筑物于19世纪在让-巴普蒂斯特·拉苏思、尤金-艾曼努尔·维奥莱-勒-迪克等建筑师的指导下进行了大规模的重建，现在则完全用于司法。

巴黎环城路（Périphérique） 于1973年启用，全长35千米（21英里），几乎沿着19世纪70年代的城墙和防御工事修建的道路。每天使用环城路的车辆接近一百万辆，也是噪声和污染的来源地。

多色画（polychromy） 专门使用不同的颜色来装饰教堂墙壁，尤其是内部墙壁的画法。这种画在中世纪盛行，但到16世纪就基本消失了。多色画由专业人士执笔，这些人须遵守精确且复杂的指示。时间、"元素"和不断变化的宗教习俗使得多色画作品很少被留存下来。

罗马式建筑（Romanesque） 在英格兰通常被称为诺曼式建筑，其特征是半圆形拱门（窗）、厚重的墙体和各式各样的塔楼。罗马式建筑早于哥特式建筑，在全欧洲的城堡中，尤其是教堂和中世纪的修道院中，都能找到这种风格。

巴黎圣母院

30秒钟游览

3秒钟概览

巴黎圣母院大教堂不仅体现了哥特式建筑的特点，还体现了19世纪的人们是如何解释这种建筑风格的，尽管两者的区别小到令人惊讶。

3分钟扩展

经历了法国大革命时期的"好心干预"和"蓄意破坏"，巴黎圣母院大教堂如同维克多·雨果在小说《巴黎圣母院》呈现得一样，已经是一所残破凋散的教堂，《巴黎圣母院》一书是雨果挽救巴黎正在消失的中世纪遗产的努力的一部分，该作品的成功带来了对巴黎圣母院为期二十年的修复和重建，负责的建筑师是让-巴普蒂斯特·拉苏思和尤金-艾曼努尔·维奥莱-勒-迪克。

这座宏伟的哥特式教堂有着引人注目的轮廓和浪漫的内涵。对很多人来说，它是巴黎的精髓。它还是巴黎的历史中心，因为它位于西岱岛，而西岱岛是巴黎最早为人类定居的地方。教堂的建设始于1160年左右，由圣德尼教区所推动。该教区自己新完工的教堂在高度、亮度和开放程度方面为世界引入了一种新的建筑风格，即哥特式风格。巴黎圣母院主要的殿堂使用通常的建筑原则，但都将这些原则发挥到极致。因此它的墙壁厚度仅为罗马式教堂的八分之一，而柱子和拱顶则使用尽可能少的石材。作为哥特式风格精髓的尖拱，也用最少的材料取得最大的支撑效果。"飞扶壁"或分离式扶壁可能发挥了作用，但是现在不再使用，而目前能看到的飞扶壁则控制着雨水的流动。这种巧妙的结构组合产生了在法国非常高的教堂中殿，它的高度高达33米（108英尺）。巴黎圣母院大教堂西侧修建得晚一些，充满了符号主义意味。其壮观的玫瑰形窗户代表圣母玛利亚（从早期的公众通道看过来，形成了圣母玛利亚雕像的光环）。窗户还是大地和天堂之间的"联系"，而它在水平方向的三个层面则代表了"三位一体"。

3秒钟人物传记

让-巴普蒂斯特·拉苏思
1807—1857
建筑师，重建了圣礼拜堂等多个哥特式教堂，并建造了更多复兴主义风格的教堂。

尤金-艾曼努尔·维奥莱-勒-迪克
1814—1879
继老师拉苏思之后主要的哥特复兴主义者，寻求使用现代材料和形式对哥特式风格进行现代诠释。

本文作者

克里斯·罗杰斯

到19世纪，哥特式风格的巴黎圣母院大教堂里到处都是建筑师的幻想创作和石像鬼怪形生物状滴水嘴。

圣礼拜堂

30秒钟游览

3秒钟概览

圣礼拜堂是巴黎最纯粹体现宗教式哥特风格的教堂，大部分原始的彩色玻璃现在都保留下来了。

3分钟扩展

哥特式风格一直在演变之中。巴黎圣母院建成后一百年，一种被后来的历史学家称为"辐射式"的哥特式风格的"变种"就牢牢占据了统治地位。"辐射式"风格专注于越来越复杂的内部装饰，用于墙壁装饰，还形成了玫瑰形窗户上又薄又有弧度的铁棱花格窗。窗户辐射状的线条就是"辐射式"名字的由来。不断发展的技术使"铁钩子"和"连接杆"能够被埋入石雕作品中，这样便提供了更高的强度，使墙壁更薄、窗户更大。

圣礼拜堂是为路易九世设计的，让他展示自己刚刚得到的荆棘皇冠，以巩固他作为"天主教统治者"和"神圣战士"的合法性。该教堂位于西岱宫建筑群中，也用作皇室的教堂。经过不到七年的修建，教堂于1248年完工，原计划用于路易九世针对被占领的耶路撒冷城所要进行的战争。这真是一项令人惊叹的工程。普通人只能进入仅有昏黄照明而又空间局促的较低区域，人与人之间还有柱子隔着。而在上部宽敞美观的主厅里，国王、扈从和贵族们则沐浴在通过装着彩色玻璃的窗户大量射进来的色彩缤纷的光线中，就好像没有任何墙将他们分开似的。使用多色画法漆成红色、蓝色、绿色和金色的雕刻人物和植物，更增强了这种效果。19世纪时，圣礼拜堂曾进行过整修，与巴黎圣母院大教堂的整修比起来，学术味道更浓一些，而事实上对圣礼拜堂的整修是一次试验案例。圣礼拜堂的尖塔是让-巴普蒂斯特·拉苏思设计建造的。尖塔可追溯至这一时期，同时期设计建造的还有圣礼拜堂大多数的外形轮廓及入口处的大门。拉苏思同圣礼拜堂里圣托马斯的雕像长得差不多。路易九世的第七次十字军东征最终失败了，这座伟大耀眼的圣殿却成了此次东征的遗产。

3秒钟人物传记

路易九世
1214 — 1270
卡佩王朝国王。该王朝在独裁宗教统治下进行了社会改革。路易九世在第八次东征时于突尼斯去世。

查理八世
1470 — 1498
富有侵略性和扩张精神的国王，他在哥特式风格晚期的变种之一"火焰哥特式"中复原了圣礼拜堂的玫瑰窗。

本文作者

克里斯·罗杰斯

圣礼拜堂作为哥特式建筑的杰作，其最引人注目的部分就是宏大成行的彩色玻璃窗户。

凯旋门和香榭丽舍大街

30秒钟游览

3秒钟人物传记
弗朗索瓦·吕德
1784—1855
法国雕塑家，其故事题材的《1792年志愿军出发远征》是凯旋门浮雕面板上最著名的雕像。

雅各布·伊格纳茨·希托夫
1792—1867
建筑师，在德国和法国接受教育和培训，在19世纪中期规划设计了凯旋门目前的周边环境，包括周围建筑。

本文作者
克里斯·罗杰斯

3秒钟概览

凯旋门这尊巨大的石拱，同古时候用于胜利阅兵的拱门是一样的。它让法国最著名的一位领袖的形象更为伟岸。而凯旋门还矗立在同样令人印象深刻的香榭丽舍大街上。

3分钟扩展

凯旋门和香榭丽舍大街是"历史之轴"的一部分。"历史之轴"全长10千米（6英里），依次整齐排列着各种各样的楼房、道路和建筑物。这条轴线起于规模较小的卡鲁索凯旋门，它也是经拿破仑下令，在卢浮宫的西庭院里修建的。协和广场上的方尖碑使这条轴线继续朝着纪念拿破仑的凯旋门前进，到达"沙约山"就到了。

凯旋门在巴黎西部有着重要地位，它体现了建造者的雄心壮志和权威，这个人就是拿破仑·波拿巴。拿破仑将自己与古罗马人和太阳王路易十四联系起来，而后者曾建造了类似的建筑物。拿破仑打算让这个巨大的拱形建筑物成为世界上最高的拱门。项目于1806年他生日那天动工，但直到他去世才完工。让-弗朗索瓦-提莱斯·夏格朗设计了有四个门的纪念碑，在每一侧都有一个拱形的通道。这种富丽堂皇的雕塑装饰包括代表军事权威的符号，还有纪念法国大革命和拿破仑的荣耀的巨大浮雕面板。但让人伤心的是，战争迫使凯旋门被重新设计，国家地位和哀悼成为凯旋门的主题，而通过凯旋门的大街则被无名战士墓所阻隔。凯旋门最初位于开放的庭院中，但拿破仑三世后来对巴黎进行改造，使从凯旋门辐射出来的大街数量增加到12条，于是凯旋门作为道路交汇处而被称为"星形广场"实至名归。这些道路中，最宽阔的还是香榭丽舍大街，它插入凯旋门的主轴，并沿着城市中心向东延伸约2千米。香榭丽舍大街最开始是作为皇家花园规划的，但很快两侧的豪华酒店和商店就排成了行。

凯旋门是个中心，其所在之处12条大街交汇形成了一个"星形"，其中就有香榭丽舍大街。

荣军院

30秒钟游览

3秒钟概览

荣军院是一处气势恢宏的巴洛克式建筑群，为受伤和无家可归的战士修建，于1706年完工。它曾是一位集权统治者的荣光，后来则成为另一位集权统治者最后安歇的地方。

3分钟扩展

路易十四摆出姿态，要深切关心那些为法兰西而战的人们的命运。考虑到他在自己漫长统治期间频繁发动战争，这种做法是合适的。他亲自批准了荣军院的设计，在大臣持续反对的情况下保证了项目营建造价不断增加的要求，而且还"活得足够长"，参加了荣军院的揭幕仪式。荣军院也是"太阳王"路易十四对艺术广泛资助的一部分。

荣军院这个宏大的建筑群，作为路易十四为退役军人提供的关爱之家，于1676年开工。建筑师贝哈勒·布鲁昂从相似的西班牙埃斯科里亚尔修道院里由长长的展翼形成的多个庭院那获得了灵感，建造了这座为3000名军官和士兵服务的设施。在这里，数量众多的厕所、残疾人可用的楼梯、分隔的宿舍都树立了新的标准，尽管总体效果方面有些像修道院般简洁宁静。对于工程延期的担忧，最终让布鲁昂被更年轻的儒勒·哈杜安-孟萨尔取代，后者一开始延续了前者的风格，在教堂的居住区设计有高大且带有通道的中殿，但更为原始的想法则是在希腊十字架的基础上，以巨大的圆屋顶为标志，在这个集中规划的教堂里为皇室增加必要的围墙。圆屋顶结构精巧，一直启发着夏尔·德·拉·福斯创作了向国王致敬的寓言性的画作，而室内镀金所表达的含义则与建筑上的期待是一致的。共享的圣坛则被放置在一个椭圆形的空间里面，它一端连着十字架，一端连着圆屋顶。一个世纪以后，路易斯·维斯孔蒂掘开了教堂下方的地下室，来安放拿破仑·波拿巴那无与伦比的红色石英岩棺材，这本身就是对罗马帝国大场面葬礼传统的致敬。现在荣军院的不少房间被不同的博物馆所占用。

相关主题

法国大革命和"恐怖时期" 8页
凡尔赛 126页
人物介绍：路易十四133页

3秒钟人物传记

夏尔·德·拉·福斯
1636 — 1716
出生于巴黎的宫廷画师，受教于皇室钟爱的查尔斯·勒·布伦，后者在英国和法国工作。

儒勒·哈杜安-孟萨尔
1646 — 1708
建筑师老孟萨尔的侄孙。有双重斜坡屋顶的房屋是以孟萨尔的姓氏命名的。

路易斯·维斯孔蒂
1791 — 1853
建筑师。他还为拿破仑三世装饰卢浮宫。

本文作者

克里斯·罗杰斯

荣军院是战争老兵之家，并成为拿破仑最后的安息地。

法国国家图书馆

30秒钟游览

现在的法国国家图书馆起源于查理五世的私人图书馆，但其"法定文献收藏"的重要使命则可追溯至1537年弗朗索瓦一世执政期间。路易十四执政期间，皇家图书馆得到了系统性的发展。法国大革命时期，"皇家"图书馆更名为"国立"图书馆，并从无依无靠的神职人员和贵族那里得到了他们的私人藏品，得到进一步扩大。1868年，国立图书馆搬迁至位于巴黎市中心黎塞留大街富丽堂皇的新址，并在此持续发展，直至20世纪80年代急剧增加的书籍采购量和需求量超出了它的承受能力。1988年，密特朗总统宣布了他的个人计划，他要建立一个"覆盖全、种类新、规模大的图书馆"，以拥抱所有种类的知识，并向所有人开放，还要使用尖端技术用于知识的保存和远程访问。于是，规划部门选择在巴黎东部托比亚克建造一处令人叹为观止的新馆，来作为黎塞留大街旧馆的补充。新馆高高的长方形大楼里有一个公共图书馆和一个研究图书馆，而在每个角落里都有一座玻璃高楼。人们就新馆的建筑风格、"尼粹主义"野心以及密特朗总统追求项目的急迫性有很多争议，但都未能阻碍新馆工程于1994年获得议会批准。

法国国家图书馆新旧两馆加起来共有1400万册藏书和期刊，外加多件实物和虚拟的藏品。

1809年3月27日
出生于巴黎，父母
分别为尼古拉-瓦伦
丁·豪斯曼和爱娃-
玛丽-恩里艾特-卡洛
琳娜·丹泽尔

1831年
首次被任命为公务
员，工作地点为法国
中西部的普瓦提耶

1832—1853年
在法国各地担任一系
列职位，包括曾晋升
至副省长和省长

1838年
同奥克塔维·拉艾尔
普结婚

1840年
女儿玛丽·恩里艾特
出生

1843年
女儿范尼·瓦伦蒂娜
出生

1853年
被任命为塞纳省省长

1857年
被拿破仑三世授予荣
誉头衔，豪斯曼选择
了"男爵"头衔

1858年
代表巴黎市同国家签
署金额为1.8亿法郎的
预算合同，用于巴黎
发展计划的第二期

1870年
受到新总理压力后拒
绝提出辞职，后被拿
破仑三世解职

1877—1881年
担任科西嘉岛阿雅克
修国民议会议员职务

1890—1893年
出版三卷回忆录

1891年1月11日
在巴黎去世，被葬于
拉雪兹神父公墓

人物介绍：乔治-尤金·豪斯曼

GEORGES-EUGÈNE HAUSSMANN

说到改变巴黎的街道和建筑物，没有哪个人比乔治-尤金·豪斯曼男爵带来的改变更大。豪斯曼于1853年被任命为塞纳省省长，此后又负责可能是现代城市中曾开展过的范围最广的城市改造项目之一。他直接向拿破仑三世汇报，并与他紧密合作，建造了一条条新大街，两侧排列着雅致的公寓楼、宏伟的市政项目以及广阔的公园，这些共同改变了巴黎在20年后的面貌。

豪斯曼于1809年出生于巴黎，这座他降生的城市后来被他改造得如此彻底，而他出生时，社会正在以可能真正让他飞黄腾达的方式发生着变化。他的家族深深扎根于大革命之后的法国，他的父亲和外公都为拿破仑效力。年轻的豪斯曼学习法律和音乐，这也反映出启蒙运动对理性和艺术的拥抱。

很快豪斯曼就从拿破仑三世的现代化项目获益。拿破仑三世将法国全国划分为多个省，这就为豪斯曼提供了第一份工作，让他在公共管理方面开始了职业生涯。他取得稳定的晋升，这就是英才教育凌驾于贵族权力权利之上的价值。

尽管在城市规划或建筑学方面没有资质，豪斯曼在54岁时开始他伟大的工作

时，还是展现了相当专业的技巧。学院派的艺术对称和古典风格的严谨，非常适用于大街和广场的布局，在建造公园时轻易地与诗意的浪漫主义实现了互补。沿着新建的街道，建筑师们在规定高度、深度和形状的严格要求下开展工作，但豪斯曼仍允许设计师们在建筑物的细节上有一定空间，从而避免千篇一律。

豪斯曼还拥抱了另一项革命——工业革命——带来的技术。从一开始就用三角测绘法对整个巴黎进行了测量，从地面下采来的石料用蒸汽驱动的锯子锯开，而高效的卫生设施、漂亮的喷泉还有实用的运河都让巴黎的水路不再"桀骜不驯"。

拿破仑三世和豪斯曼都不容易多愁善感，豪斯曼甚至将自己降生的房子给拆掉了。但即使是拿破仑最后也发现，让他们俩计划成真所需的拆迁程度是无法实现的。豪斯曼创新了公私土地交易方式，虽有助于筹措项目资金，但也受到了批评。拿破仑三世被迫任命一位与豪斯曼敌对的新总理。而面临持续的政治压力，拿破仑三世于1870年解除了豪斯曼的职务。

三年后，拿破仑三世和豪斯曼共同建立的帝国倾覆了，但"豪斯曼计划"则一直持续到未来的几十年。

安德烈·雪铁龙码头

30秒钟游览

3秒钟概览

安德烈·雪铁龙厂区和紧邻的公园是现代巴黎内城能找到的创意建筑和园林设计的典范。

3分钟扩展

设计于20世纪80年代末的安德烈·雪铁龙厂区的改造计划，是20世纪晚期巴黎和邻近地区一些创意建筑的典型范例。这些创意建筑包括拉德芳斯商业区、贝尔西体育馆，更近一些的则有阿拉伯世界研究院。尽管差不多有40年的历史，厂区和公园的有些地方不可避免地有了磨损的痕迹，墙壁也被汽车尾气甚至雨水弄脏，但其独特性仍然完好无损。

从塞纳河右岸或天鹅岛能看到的壮观的现代建筑物，反光的玻璃墙、棱角分明的外观，以及各种新颖的设计，就是在原雪铁龙汽车工厂和武器工厂原址进行开发而修建的各种建筑物。此地在1944年两次遭到大规模空袭。离地面30米（100英尺）的地方，有公寓、豪华酒店、商店、咖啡馆、餐馆、各种运动设施、游泳池和电影院，保证居民甚至游客几乎不用去其他地方。很明显，与那些看不到塞纳河的公寓相比，这些视线能跨过塞纳河的公寓，在设计上更有想象力，也更昂贵。但这些公寓楼都有30层高，通过砌筑整齐又有良好照明的步道连接，步道旁有经过景观设计的矮树丛、树木和高一些的树篱。在如此高密度的居住区，幽闭恐惧症是不可避免的，其缓解措施就是强调"宇宙太空"，用恒星和行星的名字命名摩天大楼。在这片区域朝向塞纳河的区域里，草坪和花坛构成了同码头的间隔，既让人赏心悦目，又非常必要。从码头到不到1千米外的环城路，来往车辆络绎不绝。

相关主题

蒙帕纳斯　24页
拉德芳斯　128页

3秒钟人物传记

安德烈·雪铁龙
1878—1935
受过工程师培训，成为法国汽车工业的主要奠基人之一。

本文作者

约翰·弗劳尔

安德烈·雪铁龙公园过去曾是汽车和武器工厂，现在则是在时尚的巴黎市中心外的飞地，是人们向往的地方。

贝尔西

30秒钟游览

3秒钟概览

贝尔西紧邻塞纳河，过去曾是工业衰落被忽视的象征，现在经过数十年的改造，已经具备用于休闲、居住、商务和文化的各种建筑。

3分钟扩展

改造后的贝尔西，其西侧以一种可能是最大胆的方式映入人们眼帘，在这里，财政部大楼有一翼楼称为"科尔贝尔楼"，它因奢华而引人瞩目。这座大楼长度超过350米（1150英尺），跨越了繁忙的多车道高速公路以及塞纳河，受埋在河床中的"腿"支撑。贝尔西项目于1989年完工，是密特朗总统大建设项目中的一项，也被很多人视为财政部巨大权力的象征。

巴黎的工业区在20世纪70年代经济下行中苦不堪言。贝尔西紧邻塞纳河，处于中世纪的收税区域之外，曾经是葡萄酒储藏之地，但后来就处于"挣扎"的境地。该地区占地面积40公顷（100英亩），邻近有优越的交通线路，因而被选为公私合营发展区进行完全的重建。实际上，最早出现的项目是于1984年启用的半地下形式的贝尔西体育馆。该体育馆本作为奥运场馆，经改造可举办流行音乐会和其他活动。体育馆大厅（内部）没有柱子，有一个钢结构屋顶，由（外部）四根巨大的混凝土柱支撑。体育馆外侧的斜坡被打造成草坪，让它看上去就是邻近景观公园的一部分。这个景观公园占据了贝尔西重建区面积的三分之一，保留了多株参天大树，并划分为不同的主题区域。紧靠公园北侧的是排列有序的新公寓楼，在总体规划下由不同的建筑师设计。所有公寓楼都是宽宽的U形建筑，中间是种有植物的庭院，间隔中设置的"亭子"被桥状露台隔开，让公寓楼后部的居民能有更好的视野，同时从公园看过来还起到了分开建筑群、打破厚重体量的作用。一条由过去的仓库组成的小巷，得以保护下来并加以扩建，现在作为餐饮和休闲场所。这条小巷还为那些被繁忙的铁路和公路包围的大型玻璃幕墙商业楼和办公楼提供了缓冲。

3秒钟人物传记

弗兰克·盖里
加拿大裔美国建筑师，其设计位于贝尔西居住区的法国国家电影档案馆是其"解构主义"风格的代表。

雅克·希拉克
法国政治家，担任过法国总理和总统，曾在1977—1995年担任巴黎市长。

本文作者

克里斯·罗杰斯

改造后的贝尔西的一个亮点，就是其体育馆独特的建筑风格。

博物馆和娱乐场所

博物馆和娱乐场所
词汇表

学院派艺术（Beaux-Arts）　一种装饰建筑风格，始于拿破仑三世统治末期到20世纪早期，以巴黎艺术大学校讲授的古典形式和模型为基础。20世纪初，逐渐受到现代主义尤其是新艺术的挑战。

实验音乐（experimentalmusic）　与蓬皮杜中心下属的"IRCAM"是声乐和音乐研究所，这是专门研究声音和音乐尤其是先锋电子音乐的研究机构。在作曲家和指挥家皮埃尔·布列兹（1925—2016）的指导下，于1977年成立。

世界博览会（*Exposition Universelle*）1889年举行的世界博览会旨在纪念法国大革命100周年，中心位置在战神广场，占地面积约1平方千米。

世纪末（*fin de siècle*）　尽管这个短语字面上的意思是世纪之末，但通常还会包含下一世纪的头几年。在法国，"世纪末"通常是指19世纪末和20世纪初，通常认为这一时期的特点是动荡和衰落。

普法战争（Franco-Prussian War）　因害怕普鲁士（即北部德国）扩张领土，拿破仑三世于1870年对普鲁士宣战。普鲁士军队因比法国集结更快，赢得了多次战役，并最终于1871年5月2日在色当击败法国。拿破仑三世被俘，并被囚禁于德国。

火车站（*gare*）　巴黎有六个主要的火车站（*gare*），服务于外省和国外。地铁、连接市中心和郊区的区域高速铁路系统线路的站则被称为"车站"（*station*）。

密特朗大建设（*grauds projets*）　在1982至1998年实施的建筑项目，通过建筑彰显巴黎在现代世界中的卓越地位。最早由瓦来里·吉斯卡尔·德·斯坦总统提出，后被弗朗索瓦·密特朗总统积极采纳并实施。代表性的项目包括位于巴士底的新歌剧院、位于贝尔西的财政部和位于拉德芳斯的新凯旋门。

高级时装（*houte couture*） 尤其以妇女为设计对象的奢侈时装，从19世纪晚期起可以在市场上买到。因制作高档女装所需的大量精力和时间，其价格越来越贵，因此20世纪高级女装呈颓势。但随着制造商数量增加和定期举行的时装展，高级时装又得以复兴。

1968年5月风暴（May 1968） 该月学生骚乱、大规模暴力示威和大罢工使戴高乐总统的政府垮台并使其最终辞职。

法兰西喜剧院试用演员（*pensionnaires*）由负责人选定加入法兰西喜剧院的演员。他们受剧院管理委员会雇佣，一年后能留在剧团者就成为剧院正式演员。试用演员虽然领工资，但不保证被长期雇佣，很多人可能会离开。

法兰西喜剧院正式演员（*sociétaires*）试用演员工作超过一年，经剧院管理委员会选择，成为正式演员。这些演员拿高工资、演出费和一定比例的剧院收入，是剧院的股东，并享受退休金。

老鸽巢剧院（Théâtre du Uieux Colombier）位于巴黎第6区的一家剧院，由雅克·科波（1879—1949）于1913年开办。第一次世界大战期间关闭，在20世纪20年代重新开放。剧院一直拥有各种类型的导演。1975年因需要而进行重新装修，并于三年后被列入历史建筑名录。1986年被国家购买，最终成为法兰西喜剧院的卫星剧院之一。

法兰西喜剧院

30秒钟游览

3秒钟概览

法兰西喜剧院是法国最早的国家剧院,其使命从其1680年成立以来就未曾改变,即保护并重新诠释法国最伟大的戏剧作品。

3分钟扩展

作为世界上最早的国家剧院,法兰西喜剧院具有独特的象征意义。它庄严地表明,法国致力于戏剧这项与法国公民身份和团结息息相关的公共服务。喜剧院作为国王、皇室和共和主义者的产物,体现了国家对于巴黎文化威望的关心,即使1945年以后法国戏剧界多数创新都来自于私人剧院或被放权的公共剧院。

路易十四将已故的莫里哀的剧团和与其竞争的一群演员合并,便形成了最早的法兰西喜剧院剧团。路易十四给予其皇家补贴,以及在巴黎用法语演出剧目的特许权。1799年,该剧团在黎塞留大街购得一处长期用房,而剧团至今仍在此地。拿破仑也给予该剧团现今仍享有的特殊法律地位。一方面,剧院由经总统任命的总行政负责人管理,并受到国家慷慨的资金支持。而另一方面,其演员先是实习演员,转正后成为正式演员,是剧院事实上的股东。剧院的另一个特殊之处是好几个剧目同时演出,一周里进行轮换。这些剧目是从总计2500余部作品中挑选出来的,其中绝大多数是古典作品,但最近也加入了由现代编剧和并不是法籍编剧创作的作品。在过去半个世纪里,该剧院培养了大多数法国最优秀的演员,在他们当中产生了剧院的总行政负责人。有些演员一直呼吁有一个更为灵活的第二场地,以适应新的剧目排演方式。剧团于20世纪90年代收购具有悠久历史的老鸽巢剧院和一个新的小剧场,而总统弗朗索瓦·奥朗德于2016年宣布,在巴黎第17区拟建戏剧城,以完全实现上述目标。

相关主题

人物介绍:路易十四
133页

3秒钟人物传记

莫里哀
1622 — 1673
法国最伟大的剧作家和演员让-巴蒂斯特·波克兰的艺名。

拿破仑·波拿巴
1769 — 1821
法国军事领袖,1804—1814年任法国皇帝,然后在1815年短暂地再次成为皇帝。

弗朗索瓦·奥朗德
1954 —
2012—2017年任法国总统。

本文作者

戴维·卢塞利

国家和文化相遇在法兰西喜剧院。作为法国首个国家剧院,它自17世纪起便上演了很多剧目,尤其是法国伟大剧作家莫里哀的作品。

大皇宫和小皇宫

30秒钟游览

3秒钟概览

大皇宫和小皇宫是为1900年世界博览会而建,是展示19世纪末法国文化的建筑典范。

3分钟扩展

大皇宫的设计结合了1896年建筑设计竞赛中一同获胜的四名建筑师提交的蓝图,而该次竞赛是为1900年世界博览会举行的。这四名建筑师是亨利·德格兰、阿尔伯特·布洛夫、阿尔伯特·托马斯,以及作为协调人的查尔斯·吉罗。吉罗还设计了小皇宫。小皇宫的经典拱柱和学院派艺术的建筑风格,反映了吉罗受折衷主义影响。自伦敦水晶宫于1936年被烧毁后,大皇宫就一直是世界上最大的钢筋和玻璃圆顶建筑物。

这两座宫殿是现在名为温斯顿-丘吉尔大街的新大街的一部分。这条大街经亚历山大桥,串起香榭丽舍大街和塞纳河南岸的荣军院。大皇宫的设计初衷是赞美法国世界艺术领袖的地位。于是它取代了曾经举办过四届世界博览会的工业宫。小皇宫毗邻香榭丽舍大街,常被作为美术馆。在其包罗万象的永久展品中有希腊和罗马的文物,巴黎城市艺术收藏,卢浮宫之外数量最为庞大的荷兰绘画、宗教圣像、文艺复兴时期的艺术作品,以及19世纪法国大师的作品,这些大师包括德拉克洛瓦、莫奈、西斯莱、雷诺阿和库尔贝。大皇宫坐落于香榭丽舍大街和塞纳河之间,被人们认为是新艺术风格的钢结构支撑的大跨度(200米,即650英尺)玻璃顶构成的临时展区。现在,大皇宫每年举办约40场展览,包括马术和其他体育项目、车展、文物展,以及香奈儿和伊夫·圣·罗兰等高级女性时装品牌举办的奢华时装秀。大皇宫的西翼是一个名为"发现宫"的互动型科技博物馆。近年来的大量改造已让两座宫殿恢复了往日的辉煌。

相关主题

美好年代　12页
桥　40页
凯旋门和香榭丽舍大街　92页

3秒钟人物传记

尤金-杜鲁伊
1807—1886

奥古斯特·杜鲁伊
1810—1902
杜鲁伊兄弟俩于1902年将其著名的艺术收藏遗赠给巴黎市,这些藏品构成了小皇宫永久收藏的基础。

查尔斯-路易斯·吉罗
1851—1932
建筑师,监督大皇宫的施工并设计小皇宫,后者是他在比利时其他设计的范本。

本文作者

索菲·博斯托克

大皇宫、小皇宫以及埃菲尔铁塔,都是为1900年世界博览会而建的。

ESPLANADE DES INVALIDES

PONT ALEXANDRE III

NOUVELLE AVENUE

EXPOSITION DES BEAUX-ARTS

RUE DE CONSTANTINE

卢浮宫

30秒钟游览

3秒钟概览

卢浮宫可以说是世界上游客最多的博物馆之一,其自身也是历史变迁的杰作。它最初是一座城堡,然后是一座宫殿,接下来在法国大革命期间转变为世界艺术的殿堂。

3分钟扩展

《蒙娜丽莎》的历史同卢浮宫的历史一样令人神往。这幅画作由弗朗索瓦一世国王于达·芬奇去世的1519年购得。拿破仑可能曾将它挂在自己位于杜伊勒里宫的私人卧室里。1911年,画作从卢浮宫被人偷走。法国诗人阿波利奈尔受到质疑,被捕后,他牵连到他的朋友毕加索,后者被带去问审。但事实上,这幅画被卢浮宫的一名意大利雇员藏匿了两年。

卢浮宫最初是一个厚厚的圆柱形"监狱",被高耸的围墙包围着。它是由法国国王菲利普·奥古斯特于1190年建成的城堡,其遗迹如今已经被发掘出来。在接下来的几百年里,在亨利二世的皇后凯瑟琳·德·美第奇、路易十三世和红衣主教黎塞留的命令下,卢浮宫进行了多项改造,于是变成了一座装饰奢华的皇家宫殿,直至路易十四决定搬去凡尔赛宫。1793年,新生的法兰西共和国将废弃的卢浮宫改造成一座博物馆。现为花园的杜伊勒里宫过去曾经是卢浮宫居住区的一部分,其走道开辟了从卡鲁索凯旋门经协和广场方尖碑到凯旋门的壮丽景观。20世纪80年代,建筑师贝聿铭受密特朗总统的委托改造和扩建卢浮宫。最初人们就玻璃金字塔作为卢浮宫正门提出质疑,但后来它却成为整个卢浮宫的地标。卢浮宫展览区现在的占地面积为72735平方米(782910平方英尺),从20世纪90年代以来几乎增加了一倍。多数游客来这里观看达·芬奇的油画《蒙娜丽莎》、雕塑《米洛的维纳斯》、电影《卢浮魅影》中的木乃伊或华多的油画《舟发西苔岛》。

相关主题

人物介绍:路易十四
133页

3秒钟人物传记

菲利普·奥古斯特
1165 — 1223
法国第一位国王,建造了最早的卢浮宫城堡。

皮埃尔·莱斯科
1515 — 1578
卢浮宫的主要建筑师,是法国文艺复兴时期的一位大师。

贝聿铭
1917 — 2019
美籍华裔建筑师,对卢浮宫进行改造,建造了"玻璃金字塔"。

本文作者

路易斯·德·米兰达

卢浮宫收藏了多件世间杰作。如果要观看每件展品,给每件展品30秒钟,需要花上100天的时间。

蓬皮杜中心

30秒钟游览

3分钟扩展

蓬皮杜中心到卢浮宫和巴黎圣母院大教堂的距离相等，周围满是艺术气息的喷泉和街头艺人。它不不总是受到巴黎人的称赞，因为它有面积为两公顷的大型管道，其中蓝色管道用于空调，绿色管道用于供水，黄色管道用于供电，而红色管道则用于电梯。蓬皮杜中心也被称为"波布尔"，这也是该中心在巴黎第4区所在位置的名字。它还有别的昵称，字面意思分别是"文化蒸汽机""锅炉房""用管道建成的巴黎圣母院""炼油厂"和"一种叫蓬皮杜的元素"。

如果将1968年5月"五月风暴"中体现的革命和反叛精神比喻为一家公司的话，其总部则可能位于蓬皮杜中心。这处高科技的建筑物是于1972—1977年在一块停车场上建起来的，设计师为伦佐·皮亚诺、吉昂弗兰克·弗朗奇尼和理查德·罗杰斯。相较其他68个方案，法国前总统蓬皮杜更喜欢这三人的方案。蓬皮杜曾经担任过文学老师，还是现代艺术的爱好者，他认为艺术家们应当常常"质疑和挑战"。理查德·罗杰斯说，将各种颜色的管道和迥然不同的脚手架等建筑结构都放在外侧，目的是将内部空间的灵活性最大化，也反映出历史上这一时期不稳定及对"透明"和"改变"的渴望。蓬皮杜中心目前有欧洲最大的现代艺术博物馆，每年吸引约400万参观者。该中心还是1905年以来艺术史的"名人录"，收藏有毕加索、达利、马蒂斯、康定斯基、沃霍尔和布儒瓦的作品，共计有5000位艺术家的56000件作品。除了参观蓬皮杜中心的现代展和临时展览，访客还可以在图书馆中游览，在全景式的高楼层休息，从这里可以看到巴黎各种建筑物的屋顶，或者参观专门用于艺术电影和实验音乐的部门。

3秒钟人物传记

乔治·蓬皮杜
1911 — 1974
1969—1974年任法国总统，此时正值法国繁荣而不稳定的年月。

理查德·罗杰斯
1933 —
英国建筑师，还因千年穹顶和伦敦劳埃德大厦而闻名。

伦佐·皮亚诺
意大利建筑师，因受委托设计博物馆和后现代的摩天大楼而闻名。

吉昂弗兰克·弗朗奇尼
1938 — 2009
意大利建筑师，在蓬皮杜中心项目后，关注小型的文化项目。

本文作者

路易斯·德·米兰达

蓬皮杜中心具有现代艺术和建筑的典型特征。

1844年10月22日
出生于巴黎，为私生女。先由母亲抚养，后被送至女修道院

1860年
在她母亲的一位有钱"客人"的帮助下，进入巴黎音乐学校

1862年
加入法兰西喜剧院，但在当年晚些时候被开除

1872年
回到法兰西喜剧院

1874年
在法兰西喜剧院饰演"费德尔"，这是她最伟大的角色之一

1875年
成为法兰西喜剧院的正式演员

1880年
中止与法兰西喜剧院的合同。在伦敦和纽约演出

1899年
在巴黎市中心创办剧场

1915年
右腿截肢

1923年3月26日
在巴黎去世，葬于拉雪兹神父公墓

人物介绍：莎拉·伯恩哈特

SARAH BERNHARDT

作为世界上最杰出的演员之一，莎拉·伯恩哈特于1844年出生在巴黎。她的母亲是一位犹太高级"交际花"，父亲则不知道是谁。她很小的时候就离开家庭，在修道院长大。她养成了情感丰富的演员气质，使她得以进入巴黎音乐学校，并接着在18岁时进入法兰西喜剧院。尽管人们总是将她与法兰西喜剧院联系起来，两者之间的关系却总是"波澜起伏"。1862年，她被解除与法兰西喜剧院的第一次演员合同，而1880年，她从与法兰西喜剧院的第二次演员合同中辞职。因此她被起诉至法庭，尽管当时她已成为法兰西喜剧院最受好评的演员。但这次重要的辞职被证明是既好运又有利可图的，让她得以自由地创办自己的剧团，并让她征服了伦敦，尤其是纽约，她迅速大红大紫起来。

莎拉标志性的表演是在让·拉信的《费德尔》和维克托利安·萨尔多的《托斯卡》（后被普契尼同名改编）两剧中扮演同名女主角和在亚历山大·小仲马的《茶花女》中扮演玛格丽特。多才多艺的她还是一位颇有造诣的雕刻家和画家，甚至是一位受训的护士，她在1870—1871年普法战争中照顾伤员。后来，她成为演员经纪人，尤其是在位于夏特莱的民族剧院。该剧院后被她更名为莎拉-伯恩哈特剧院，即现在的城市剧院。

到了1900年，她已经成为世界名人，以她的各种情人和睡在棺材中"出名"，这一点可能让人感到无法容忍。她的事业开始走下坡路，并不只是因为膝伤让她于1915年截去了右腿。尽管如此，她继续工作，并访问前线的法国部队，制作音乐录音和无声电影。1923年莎拉的葬礼成为20世纪公众表达哀伤最伟大的时刻之一。

尽管莎拉有时候成为法国反犹太主义的受害者，但到她去世的时候，她已经成为国家的象征。她慷慨激昂、饱含情绪的表演方式，在某种程度上是法兰西喜剧院的特点，但也是她所独有的，这让她受到了广泛的好评。但到了1923年，这种表演方式已经在其他地方受到现实主义的威胁，也受到法国先锋导演、演员和剧作家们的挑战，后者正在为未来的表演方式设定极其不同的标准。现在，她最主要的遗产可能是她为20世纪的戏剧女主角，从嘉宝到琵雅芙，制定的蓝图，即戏剧性的情绪化，疯狂的创造性，即兴的吸引力，以及在全世界受爱戴。这是她在舞台上的虚构身份和舞台之外的真我共同创造的神话。

戴维·卢塞利

布朗利码头博物馆

30秒钟游览

3秒钟概览

布朗利码头博物馆距埃菲尔铁塔非常近，它展示的藏品用来欣赏和重新评估非西方艺术。

3分钟扩展

布朗利码头花园被人们认为是博物馆的一个组成部分。它的目的是展示该博物馆艺术品的原材料所来源的国家。花园还有一个800平方米（8600平方英尺）的绿植墙。布朗利码头还集中了巴黎其他国家博物馆（包括卢浮宫、人类博物馆和国立非洲及大洋洲艺术博物馆）关于民族学的藏品。而亚洲之外最大的亚洲艺术和工艺品藏品则位于巴黎第16区的吉美亚洲艺术博物馆。

2006年开放的布朗利码头博物馆可能会成为雅克·希拉克总统的长久文化遗产。这与法国总统密特朗的大建设（如卢浮宫金字塔、巴士底歌剧院和国家图书馆）和以蓬皮杜总统名字命名的艺术博物馆的传统是一脉相承的。博物馆的藏品包含大洋洲、亚洲、非洲和美洲等地的艺术和社会性手工制品，而博物馆本身是由法国建筑师让·努维尔设计的。博物馆因高高的乐器柜子，以及按照主题来布置的藏品等新颖的陈列而闻名，但也因其刻板地强化非西方文化而使用过于黑暗的环境、假的泥砖墙和作为背景的部落音乐而受到批评。而且人们仍然不太愿意接受原封不动地按照法国殖民时期的方式来收藏艺术品。

相关主题

卢浮宫　112页

3秒钟人物传记

爱德华·布朗利
1844—1940
获得诺贝尔奖提名的物理学家、发明家，布朗利码头博物馆所在的道路就以他的名字命名。

雅克·希拉克
1995—2007年任法国总统，**1977—1995**年任巴黎市长。他希望通过软文化实力提升法国在世界的影响力，于是决定建造一个非西方艺术博物馆。

雅克·盖尔沙什
1942—2001
致力于原始艺术的收藏家和评论家，曾担任希拉克总统在布朗利码头博物馆项目的文化顾问，但在揭幕前五年去世了。

本文作者

尼娜·瓦尔德勒沃斯

布朗利码头博物馆收藏着来自非洲、亚洲、大洋洲和美洲的藏品。

奥赛博物馆

30秒钟游览

相关主题
卢浮宫　　112页
蓬皮杜中心　114页

3秒钟概览
奥赛博物馆一开始是宫殿般的火车站，服务法国西南部。现在则是颂扬19世纪艺术和建筑的场所。

3分钟扩展
奥赛博物馆培育了同美国的特殊关系。1945年，美国士兵们将火车站改造成服务于"归来"犹太人的营地。1961年，奥尔森·威尔斯在这座当时被废弃的建筑物里拍摄了改编自卡夫卡小说《审判》的电影。自2012年起，巴尔托迪在1899年雕刻的自由女神的缩微版就矗立在博物馆的入口处。而来自美国德克萨斯州的一对夫妇最近又向该博物馆进行了有史以来最大的一笔捐赠。

奥赛博物馆是颂扬19世纪艺术精神的殿堂，而它坐落的地方曾是巴黎的贵族区。博物馆拥有12吨重的金属结构，用于自然采光的窗户总面积为3.5万平方米（37.7万平方英尺）。它还有一个巨大的金色时钟，提醒我们这里曾经是法国最优雅的火车站。火车站于1900年由维克多·拉卢设计，比埃菲尔铁塔晚11年建成。1939—1986年，这里是巴黎市中心"最为人所知"的废弃建筑，偶尔会有电影拍摄并主办先锋戏剧演出、拍卖和聚会。经过近十年的建设，博物馆于1986年由艺术爱好者密特朗总统揭幕，这是他的八大建设项目之一。这座建筑物如今不仅因为其建筑结构闻名，也因深度反映了1848—1914年的欧洲艺术而闻名。除了印象主义艺术家的作品收藏和后印象主义展厅外，博物馆还以反映原始冲动的绘画、新古典主义雕塑、象征主义绘画及"新艺术"装饰风格的房间而为人所知。那些在艺术史上标记下里程碑的人们须在一系列作品间进行取舍，这些作品包括马奈《草地上的午餐》、米勒《晚祷》、梵高《星月夜》和卡耶博特《地板刨工》。

3秒钟人物传记
查尔斯·布歇·德·奥赛
1641—1714
巴黎议会的贵族成员，国王顾问。塞纳河左岸奥赛博物馆所在的区域以他的名字命名。

维克多·拉卢
1850—1937
法国艺术建筑师，教师，设计了奥赛火车站。

弗朗索瓦·密特朗
1916—1996
1981—1995年任法国总统。他为奥赛博物馆揭幕，并将全国博物馆的预算翻了两番。

本文作者
路易斯·德·米兰达

　　奥赛博物馆以前曾是一个巨大的火车站，现在则竭力以一种既庄重又亲密的方式来展示其藏品。

巴黎周边

巴黎周边
词汇表

区(*arrondissement*） 拥有自己的议会和民选市长的行政区。1759年巴黎设置了最早的12个区，1795年在拿破仑三世治下增至20个区。各区的面积和人口不等。2016年巴黎市长安妮·伊达尔戈提议到2020年将第1~4区合并为一个行政单元，但每个区仍将保留自己的序号。里昂和马塞是法国仅有的其他两个以数字来给各区编号的城市。

新艺术（Art Nouveau） 一种艺术和建筑形式，出现在19世纪晚期、20世纪初期，与更早的传统艺术形式相对。特征为色彩和流动形式的使用，通常受到自然世界的启发。吉马德设计的巴黎地铁站入口就是新艺术的例子。

历史之轴(*axe historique*） 一个几乎沿着直线用来观察建筑物和大街的视角，有时候也被称为"凯旋道"。始于卢浮宫庭院中的路易十四雕塑，终于拉德芳斯新凯旋门。新凯旋门是密特朗总统于1989年在拉德芳斯建造的大型项目之一。"历史之轴"从卢浮宫出发，穿过卡鲁塞尔凯旋门，穿过协和广场，然后是香榭丽舍大街和大军团大街，最后到达拉德芳斯。

法语漫画(*bande dessinéel BD*） 在法国广泛流行的漫画书或配图小说，书中描绘了各种主题。每年在昂古莱姆专为此类书籍举行展会。

郊区(*banlieue*） 繁华城市中心的边缘，最开始通常是工业开发的所在地。一些郊区变得高档起来，而其他区域则仍然穷困，并且还是社会和政治动荡的地区。

黑人-白人-北非后裔(*black-blanc-beur*） 或黑人-白人-阿拉伯人（*Arab*），是法国于1998年夺得足球世界杯时，指代"民族融合"的流行口号。

三级会议（Estates-General） 由三个阶层（等级）组成的等级代表会议。这三个阶层（等级）分别为（教士）阶层、贵族阶层以及普通农民和资产阶级阶层。自17世纪末再召开过三级会议，于1789年在路易十六要求下召开了最后一次三级会议。但人们很快就认为三级会议是不民主的，结果就是三个阶层（等级）混合组成了国民大会。

例外主义（exceptionalism） 法国人相信，法国搞政治的方式，以及法国的语言、文化和社会在某种程度上特殊而与众不同，值得被捍卫保护。

哥白林壁饰挂毯（Gobelins tapestry） 15世纪中叶时，一个从事织布的人家在巴黎定居下来，并快速发展成为大型挂毯生产企业。从1662年起的30年间，该企业不仅是路易十四的独家挂毯供应商，还负责家具、绘画和金银制品的供应。企业于1699年重新开张后，位于巴黎第13区的工厂就只生产挂毯了。哥白林染坊继续开展业务，现在由法国文化部管理。

哥特式（Gothic） 在建筑学中，哥特式风格演化自12世纪的整个欧洲，表现在很多大小教堂上。从结构上讲，其显著的特征包括飞扶壁、尖拱、肋式窗。肋式窗让光线可以大量进入建筑物的内部。

墙内（intra muros） 在巴黎这个语境中，墙内泛指巴黎的20个区。

巴黎环城路（Périphérique） 于1973年启用，全长35千米（22英里），几乎沿着19世纪70年代的城墙和防御工事修建的道路。每天使用环城路的车辆接近一百万辆，也是噪声和污染的来源地。

大搜捕（rofes） 德国占领法国期间最臭名昭著的大逮捕发生于1942年7月16日至17日，法国警察对13000名犹太人进行了大规模逮捕。这些被捕的犹太人被塞进"巴黎冬季赛车场"，然后被送往巴黎东北部的德朗西或其他集中营。

新城（ville nouuelle） 自20世纪60年代中期起，推行了控制大城市周边城市发展的计划。最初规划了九个新城，其中五个离巴黎不太远。

凡尔赛

30秒钟游览

好大喜功是路易十四最关注的事情。1682年他宣布凡尔赛将成为他主要的居所、展示王国的场所以及宫廷的新所在地，而卢浮宫就这样被废弃了。凡尔赛建设和装饰中所使用的材料，如著名的哥白林壁饰挂毯及巨大的威尼斯式的镜子，都是在法国制造的。凡尔赛宫结合了意大利的建筑风格和法国古典的建筑样式，拥有700间房屋，其中7间是供路易十四使用的，每一间都以太阳系行星之一及对应的古罗马神为主题。而相同的古代神话故事又为宫殿周围的喷泉和雕塑提供了灵感。法国贵族和高阶人士被召来此地挑选一间房，而任何不服从的小想法都会被质疑。镜厅装有玻璃，可以反光，代表了无所不在的皇家监督和皇帝对臣民的权力。勒·诺特尔和科尔贝尔用与设计宫殿相差无几的精力设计花园，以赞颂几何形态和国王超越自然的绝对权力。18世纪时，凡尔赛及皇室的权力衰微。1789年三级会议在凡尔赛宫的网球场召开，法国大革命由此开始了。

3秒钟概览

凡尔赛是自封为"太阳王"的路易十四在17世纪建造的城市。它享有特殊的地位，而凡尔赛宫则是其引人注目的钻石。

3分钟扩展

作家汤姆·沃尔夫曾写道，他只知道两个完全"核心统一"的城市，即拉斯维加斯和凡尔赛。前者的核心是金钱观，而后者的核心则来源于权力的绝对集中和集权在"太阳王"身上疯狂的体现。贵族们也被强迫在城堡周围修筑房舍。如今在凡尔赛不为人知但又优雅的中心区域，仍然居住者法国的上层人士。

3秒钟人物传记

路易十四
1638—1715
自封为"太阳王"，统治法国长达72年。

玛丽·安托瓦内特
1755—1793
法国最后一位王后，大部分时间在小特里亚农宫及凡尔赛宫周边乡村度过。

安德烈·勒·诺特尔
1613—1700
景观建筑师，凡尔赛根据其设计奢华建造。

本文作者

路易斯·德·米兰达

凡尔赛及花园是"太阳王"路易十四的"神殿"。他被尊为臣民和自然的主宰者。

拉德芳斯

30秒钟游览

拉德芳斯位于巴黎城西的上塞纳省，是全长10千米的巴黎"历史之轴"（也称"凯旋道"）的终点。这条塞纳河右岸的著名路线将卢浮宫、香榭丽舍大街、协和广场、凯旋门、大军团大街和拉德芳斯新凯旋门排成一线。拉德芳斯的名称源自"巴黎保卫战"，而拉德芳斯商务区出现于20世纪50年代，埃索楼、标志性的CNIT展览中心等办公大楼取代了棚户区、工厂甚至农田。拉德芳斯广场紧靠几幢法国最高的摩天大楼，包括第一观光大厦、花岗石大厦和拉德芳斯之心大厦，但这个广场却不仅仅只是一个商业区。每年，广场都主办巴黎圣诞节市场、滑冰、拉德芳斯爵士音乐节等文化活动。广场上还分布着60多尊室外雕塑，而亚历山大·考尔德的《红蜘蛛》和胡安·米罗的《神奇的人物》是在室外广场上展示的两件印象派作品。但这一地区标志性的中心无疑就是拉德芳斯新凯旋门。它是一个展开的立方体，高度为巴黎凯旋门的两倍，它的拱门大到可以装下巴黎圣母院。

3秒钟概览

拉德芳斯是欧洲最大的中央商务区，也是巴黎最令人叹为观止的现代纪念建筑拉德芳斯新凯旋门的所在地。

3分钟扩展

拉德芳斯新凯旋门于1983年由时任总统弗朗索瓦·密特朗委托建造，它用来纪念到1989年法国大革命200周年。建筑师约翰-奥托·冯·斯普雷克尔森和保罗·安德鲁构想出这个现代的凯旋门来纪念人性的胜利而非纪念军事胜利。2010年拉德芳斯新凯旋门的三层楼顶被关闭前，一直都是巴黎到访游客最多的景点之一，因为这里的视线让参观者能看到"凯旋大道"的全貌。

3秒钟人物传记

弗朗索瓦·密特朗
1916—1996
1981—1995年任法国总统，也是法兰西第五共和国第一位担任总统的社会党人。

亚历山大·考尔德
1898—1976
美国雕塑家，最以其活动雕塑而闻名。活动雕塑精巧而保持平衡的形状在有风的时候可以变得栩栩如生。

胡安·米罗
1893—1983
西班牙加泰罗尼亚族艺术家，以使用简洁的形状和动感的颜色而闻名。

本文作者

吉利安·杰恩

拉德芳斯商务区是巴黎的金融中心。

圣德尼

30秒钟游览

3秒钟概览

圣德尼不光因其建于12世纪的大教堂吸引了朝圣者和游客，该教堂通常是国王和王后们下葬的地方，它另一个吸引人的原因是"超现代化"的体育场。

3分钟扩展

圣德尼因巴黎环城路与巴黎市中心分隔开来。环城路在经济社会状况较差、多种族居住的"郊区"和更为繁华、种族更单一的巴黎城区之间形成了鸿沟。2005年，塞纳-圣德尼省爆发骚乱，反抗郊区贫困和让人麻木不仁的治安。圣德尼本身基本上躲过了这样的骚乱，但偶尔也会有郊区居民因被排除在繁荣的巴黎和整个法国之外而孤独地表达挫折感。

严格来讲，圣德尼并不在巴黎范围之内，而是构成了巴黎北郊或近郊的一部分。尽管该地在历史上和行政上有单独的身份，但它作为巴黎的新城，有多条交通线路与巴黎紧密相连。整个19世纪和20世纪，圣德尼作为以左翼政治闻名的区域，却与教堂和法国皇室统治者有密切的关系，路易十八（1755—1824）及之前的国王都在圣德尼大教堂下葬。这座教堂于1966年被提升至大教堂的地位，它在建筑方面也是独一无二的，因为它的唱诗席被认为是首个哥特式的唱诗席。20世纪晚期，因工业就业人数下降，圣德尼的发展也受到了影响，但巴黎第八大学的出现，新的商业和行政活动，还有国家体育场的兴建，培育了新的希望，让这里的人们有了自尊，尽管一些社会问题仍然存在。法兰西体育场作为法国承办1998年足球世界杯的中心场馆，上演了世界杯决赛，在这里由黑人、白人和阿拉伯人等不同种族组成的法国队战胜了巴西队，让国家自豪之情和种族成功融合的说辞溢于言表，但种族融合是否成功尚存疑问。

相关主题

中世纪时期　6页
现代时期　18页

3秒钟人物传记

圣德尼
于250年左右去世
第一位巴黎主教，殉道者，当时是巴黎的主保圣人。

路易十八
1755—1824
1814—1815年间及1815年至其去世期间，王室两次复辟，担任法国国王和统治者。1824—1830年二次复辟终结时，统治者为查理十世。

本文作者

休·唐赛

圣德尼是一个有鲜明对比的地方。因为它的中世纪教堂是多位法国国王的下葬之地，也有现代化的足球场。

1638年9月16日
出生于圣日耳曼昂莱，父亲为路易十三、母亲为来自奥地利的安娜

1643年
4岁时父亲去世，登基为王

1660年
娶奥地利公主、西班牙的特蕾莎为王后

1661年
首相兼他的老师、红衣主教马扎然去世。财政部负责人富凯以贪赃枉法之名在沃勒维孔特城堡被捕

1661—1689年
路易十四建造了奢华的凡尔赛宫

1680年
为剧作家拉辛和莫里哀创设了法兰西喜剧院。该剧院是世界上成立时间最长的国家剧院

1682年
国王和政府迁至凡尔赛

1683年
在王后玛丽亚-特蕾莎去世后，秘密地娶曼特农夫人为妻

1685年
国王取消了对新教宽容的《南特赦令》，终结了持续87年的宗教宽容政策。天主教成为法国唯一合法的宗教。成千上万的胡格诺派信徒中很多是技术熟练的匠人，他们逃至英格兰和荷兰

1688—1697年
开始为期九年的战争，对手为以日耳曼民族的神圣罗马帝国为首、遍及整个欧洲的"大同盟"

1715年9月1日
在位72年后，在凡尔赛宫去世

人物介绍：路易十四

LOUIS XIV

自封为"太阳王"的路易十四是绝对的"欧洲之王"。由于总是害怕受到攻击，他希望自己被人们视为半神，不能接受世俗中反对他的势力。他的统治帮助奠定了法国国际影响力的基础。

路易十四的父母爱称他为"上帝的礼物"，因为他出生的时候，他的父母已经放弃了生养孩子的希望。对路易十四的教育以及对国家的管理由不受人欢迎的红衣主教马扎然负责，而马扎然自己是由严厉的天主教徒黎塞留教导出来的。多数历史学家认为，路易十四在童年时期，遭受了反对专制的"投石党"的创伤。投石党在1648—1653年发动了一连串的内战，目的是削弱王权并使贵族受益。

马扎然于1661年去世，此时路易十四决定亲政，不再受首相掣肘。通过逮捕富凯这位权势熏天的财务大臣，他表明自己希望出类拔萃的愿望。而富凯则刚刚在沃勒维孔特城堡举行了18世纪最奢华的聚会。法国国会也丧失了大部分权力。国会于1667年颁布新民法——《路易法典》，还批准了大型建设项目，其中最主要的项目就是凡尔赛宫，目的是强化王国的声威。尽管路易十四本人并不是一位知识分子，喜欢射猎、战斗和政治，他还是建立了艺术和科学学院，资助拉辛和莫里哀等剧作家。但他对反叛过于忧虑，以至于不能安然享受在巴黎的日子。于是凡尔赛成为法国唯一的首都，而贵族们如果想保留他们的特权，也必须搬到这里。

路易十四同王后玛丽亚-特蕾莎生育的子女中，几乎都在幼年夭折，只有一个幸免。他与"宠妇"瓦里埃尔小姐和蒙特斯潘夫人也生了数位合法的后代。照料路易十四子女的曼特农夫人常常以平等的身份同国王讲话。路易十四在王后玛丽亚-特蕾莎去世后，秘密地同曼特农夫人结了婚。婚前国王曾说，"曼特农夫人知道如何去爱一个人，被她所爱会有很大的乐趣。"然而军事征服和政治团结更为重要。军队逐步现代化，火枪的数量翻了一倍，一系列针对欧洲不同国家的战斗也取胜了，但德国、荷兰和西班牙等国却成了法国的敌人。1685年，路易十四决定结束长达87年来对宗教的容忍，中止了《南特赦令》，这个决定是对新教的公开宣战，但也是同罗马教廷的结盟。属于新教的胡格诺派信徒是法国经济和知识分子精英的一部分，不少该派信徒在伦敦、日内瓦或阿姆斯特丹寻求庇护。

77岁的路易十四因坏疽去世。去世前，他告诉时年仅五岁的路易十五，"做一个爱好和平的王子吧。战争毁灭了人民啊！"

路易斯·德·米兰达

罗兰·加洛斯体育场和奥特伊温室花园

30秒钟游览

为纪念1918年在一次军事行动中战死的法国战斗机飞行员，罗兰·加洛斯体育场如是命名。后来该体育场因成为自1928年以来每年举办的法国网球公开赛的比赛场地而蜚声国际。体育场就在布洛涅森林的边缘，被机动车道和巴黎环城路的多个大型路口所包围。体育场占地虽大大扩展，但仍只占布洛涅公园的一部分。奥特伊温室花园于1761年建立，是巴黎最大的四个植物公园之一。1895—1898年，让·卡米尔·佛尔米日设计了五个华丽的温室，漆成绿松石颜色，结构材料为铸铁，承重的砂岩墙装饰有奥古斯特·罗丹设计的铁罩。比这些温室地势低的地方，是草地和种植数千种珍稀植物和树木的花坛，部分花坛有温度控制装置，栽植着更具异国情调的植物和树木。另有一个温室则种有棕榈树和杜鹃花，还有一个养着日本锦鲤的池塘。自1998年起，该景点被定为历史纪念建筑物。法国网球联盟将要开发其在公园中所拥有的部分，其中三分之一因1968年被新修道路占用了。该计划最初遭到生态学者、当地居民以及宣称拥有"设计著作权"的佛尔米日后人的强烈反对，但这个问题已经得到解决。

3秒钟概览

尽管罗兰·加洛斯代表了网球，但有理由认为，奥特伊温室这座绿色的房子和花园才是最吸引人的，每年有成千上万的游客前来参观。

3分钟扩展

尽管奥特伊温室花园紧靠来车的主要道路，但其景观花园、大型温室花园和罗兰·加洛斯网球场还是吸引了那些前来此处停留或通过此地去往布洛涅森林的赏玩众人。出人意料的是，温室附近就是吉玛德设计的一些地铁站，这些地铁站在巴黎出现的时间比公园要晚上十年。

3秒钟人物传记

罗兰·加洛斯
1888 — 1918
法国飞行员，战死于第一次世界大战期间。1913年，他完成了第一次飞跃地中海的飞行。

拉斐尔·纳达尔
1986 —
西班牙网球运动员，被称为"红土王子"，是获得职业网球四大满贯冠军最年轻的运动员，时年仅24岁，被认为是他所处时代最伟大的红土场网球运动员。

本文作者

约翰·弗劳尔

罗兰·加洛斯体育场被认为是世界上最高效、最具吸引力的网球赛场之一。

德朗西

30秒钟游览

德朗西位于巴黎市中心东北方向10千米（6英里）的郊区，与第二次世界大战期间一处臭名昭著的集中营有着不可磨灭的关系。1940年，德国占领军利用部分完工的住房项目"缪艾特城项目"拘禁法国和英国战俘。1941年起，犹太人和其他"第三帝国的敌人"在此处被监禁。1942年3月，第一批犹太犯人乘火车离开德朗西前往奥斯维辛集中营。最初法国当局负责德朗西集中营的日常运行，但到了1943年，管理权转移到了以阿洛伊斯·布伦纳为首的德国党卫军手中。截至1944年7月，7.6万名被逐出法国的犹太人中，有6.3万人从德朗西被转运至波兰的死亡集中营。1944年8月巴黎光复时，德朗西是法奸嫌疑犯的关押之处。如今，曾经是集中营的德朗西发挥着它最初的功能即住宅区功能。自2001年起，德朗西被宣布为被保护地和历史建筑。2012年，正对1977年树立的纪念雕像和驱逐犹太人出境的牲畜运输车的个体雕塑的地方，一座博物馆和教育中心开馆了。那些德朗西集中营亲历者的家人们一直来这里进行纪念活动。

3秒钟概览
德朗西这个名字将永远同从法国被驱逐至波兰纳粹死亡集中营的犹太人联系起来。

3分钟扩展
犹太人受到维希政权和德国占领军的双重迫害，是德朗西监狱囚犯的主体。1941—1942年，巴黎的法国警察进行大规模搜捕后，有数千犹太人被送到这里。他们中有4000名儿童，其中一些只有两岁大。他们被强行与父母分离，被送到德朗西监狱，然后被逐出法国，此后就再没回来过。1942年7月6日，1000多名反抗德国占领的人士和其他政治反对派被驱逐出境，只有119人回到了法国。

相关主题
德国占领和巴黎光复
16页

3秒钟人物传记
阿洛伊斯·布伦纳
奥地利党卫军军官，于1943年6月至1944年8月负责德朗西的运作。1954年在法国以反人类罪被缺席审判判处死刑。
马克斯·雅各布
1876—1944
法国诗人、作家和评论家，被德国纳粹秘密警察"盖世太保"逮捕，并被囚禁和死于德朗西。

本文作者
戴维·德雷克

德朗西位于巴黎东北部郊区，在第二次世界大战中是集中营。6.3万名犹太人和其他"第三帝国的敌人"从德朗西被驱逐至位于波兰的死亡集中营。

迪士尼乐园和阿斯特里克斯公园

30秒钟游览

3秒钟概览

巴黎迪士尼乐园和阿斯特里克斯公园是巴黎之外游客主要到访的景点。自20世纪90年代起，为游客提供不同的文化体验。

3分钟扩展

20世纪80年代，社会党人、文化部长雅克·朗顺应时代，重新诠释了"文化"的定义，引发了争议。对文化的重新定义间接地导致了阿斯特里克斯公园和巴黎迪士尼乐园等项目的出现，通过创意产业的旅游项目刺激了法国疲弱的经济。尽管人们对流行文化接受程度有所提高，法国官方仍然对美国的大众文化持谨慎态度，将这些主题公园布置在巴黎市中心以外，其象征意义和实际意义同样明显。

迪士尼乐园比它的法式竞争对手阿斯特里克斯公园更为出名。迪士尼乐园于1992年以"欧洲迪士尼乐园"的名称开业，而在开业之前法国政府和迪士尼公司之间进行了艰难而漫长的谈判。这座"美国"公园位于巴黎东部30千米（19英里）的新城马恩-拉瓦莱，通过铁路与鲁瓦西机场（戴高乐机场）相连。迪士尼乐园作为美式主题公园，对于法国这样一个人们感到自身文化和社会与众不同的国家里，在财务上和象征意义上既有成功也有失败。尽管该乐园有助于振兴马恩-拉瓦莱地区，但被人们批评管理方式"太过于美国化"，而且迪士尼乐园在法国的存在非常扎眼，类似文化上的"特洛伊木马"。而由法国文化部长雅克·朗于1989年揭幕的阿斯特里克斯公园则位于巴黎北部35千米（22英里）的普拉伊，景点取材于戈西尼和乌德佐所著《高卢英雄历险记》中勇敢的高卢人抵抗古罗马占领的著名故事。阿斯特里克斯公园在主题选择方面是"欧洲式的"，比如应首都的要求，有一个景点用于纪念首都的历史。与巴黎迪士尼乐园全年营业不同，阿斯特里克斯公园从11月到来年4月不营业，这就相当有法国范儿了。

3秒钟人物传记

勒内·戈西尼
1926—1977
20世纪60年代起出版的漫画书《高卢英雄历险记》的创意者和作者。

阿尔伯特·乌德佐
戈西尼的合作者，《高卢英雄历险记》的插画作者。

雅克·朗
法国社会党政治家，1981—1986年及1988—1992年任法国文化部长。

本文作者

休·唐赛

对于那些寻找更加流行的娱乐形式的人来说，巴黎有两个主题公园，即迪士尼乐园和阿斯特里克斯公园，后者在风格上更具欧洲味道。

维莱特

30秒钟游览

相关主题

圣马丁运河　　44页
伦吉斯市场　　80页

本文作者

休·唐赛

3秒钟概览

维莱特村于1859年被纳入巴黎第19区。现在维莱特公园和维莱特地区都是著名的休闲场所。

3分钟扩展

20世纪80年代和90年代的大部分时候，维莱特地区还是破败肮脏的，但此地经改造后却成为深受巴黎人和游客们喜爱的目的地。在2016年，维莱特的斯大林格勒战役广场和其他室外空间成了移民和寻求庇护者露营的场所。

维莱特于19世纪60年代建成，在此后的一百年里，主要因牲畜市场和屠宰场为人们所知，因为这个地区有一整套基础设施，为巴黎这个不断变大的城市提供各种各样的肉制品。像雷阿勒和伦吉斯等其他市场一样，维莱特是无产阶级活跃的繁忙区域，有自己的亚文化和"行话"。首都对肉类的大量需求，是在一些有优雅建筑风格的屠宰场中得到满足的，同时伴以悲惨的动物叫声和难闻的气味。20世纪60年代，对牲畜养殖和宰杀设施的现代化改造失败了，肉制品交易活动于1974年停止，留下了大片被撂荒的土地，这些土地最终经改造成为维莱特公园。现在这个公园以科学工业城、音乐城、顶点音乐厅和城市绿植的形式为人们提供精神食粮。在公园的南侧靠近斯大林格勒战役广场和维莱特圆厅城关的地方，曾经是屠宰场供水的大型渠槽，自2000年起已改造升级为高级居住区和文化区，正式名称为"维莱特地区"。在这里人们观赏电影、欣赏音乐、就餐、散步或慢跑，或是"搭讪"。

维莱特地区最初以牲畜市场和屠宰场为人所知。如今则拥有大量的文化景点，包括欧洲最大的科学博物馆。